U0577251

与夏天对话

张彦宝 ◎ 著

黑龙江人民出版社

图书在版编目（CIP）数据

与夏天对话 / 张彦宝著. — 哈尔滨：黑龙江人民
出版社，2018.3（2021.5重印）
ISBN 978-7-207-11304-7

Ⅰ.①与… Ⅱ.①张… Ⅲ.①家庭教育 Ⅳ.①G78

中国版本图书馆CIP数据核字（2018）第059918号

责任编辑：朱佳新
封面设计：鲲　鹏

与夏天对话
Yu Xiatian Duihua

张彦宝　著

出版发行	黑龙江人民出版社
地　　址	哈尔滨市南岗区宣庆小区1号楼
邮　　编	150008
网　　址	www.longpress.com
电子邮箱	hljrmcbs@yeah.net
印　　刷	北京一鑫印务有限责任公司
开　　本	880×1230　1/32
印　　张	8
字　　数	220千字
版　　次	2018年4月第1版　2021年5月第2次印刷
书　　号	ISBN 978-7-207-11304-7
定　　价	58.00元

版权所有　侵权必究

法律顾问：北京市大成律师事务所哈尔滨分所律师赵学利、赵景波

序　言

学会给生活加点"糖"

　　尽管曾为几位同事出版的书籍写过序并得到一些好评，但刚一拿到大宝这部《与夏天对话》的手稿，还是感到有些无从下笔。首先，这是一本远离我所熟悉专业的书，从头到尾都是一对父女天真无邪、妙趣横生的对话和感悟，使我的专业知识和理论显得有些"无用武之地"；其次，所谓"序"者，或由书及人推崇作者，或提纲挈领评价著作，或索引逸事知人论世，但或由于资料占有有限，或由于年龄经历相异，这几方面都难以写好。然而，《与夏天对话》这充满诗意的书名，"狂奔的蜗牛"这怪异的笔名，却引起了我这个年龄的人少有的好奇心，于是决定还是从这里破题入文吧。

　　蜗牛属腹足纲，种类众多，热带寒带均有分布。我对它的了解仅限于体小且爬行缓慢和法国人餐桌上的一道美味。本就陌生，再冠之以"狂奔"则更有些令人费解，大宝君解释"表达了对生活的一种执着态度"，"哪怕步履维艰，也要一直向前"，那么这个自喻就具有了超越食用价值的内涵了；夏天，无论在哪种语言里都带给人热情、蓬勃的意象，常被用来形容对火热的生活的感受，用它作为女儿的名字并与之对话，这书名当属双关巧用的一例了。这样看来，书名和作者笔名都在暗示读者这本书与生活有着千丝万缕的联

系，为我们走进作者心灵之门提供了一把钥匙。

　　幸福的家庭彼此相似。正因为彼此相似，我们更多感觉到的往往是生活的平淡无奇，而岁月就在这平淡无奇中悄悄流逝，令我们错过了许多值得记录的瞬间。当然，也不乏一些"有心人"，用他们自己的方式把那一个个瞬间化作记忆，连缀成充满情趣和情调的故事，勾勒出点点浪花，录制下潺潺泉鸣，看似平淡无奇的生活在这故事里却变得多彩而有诗意起来。——大宝便是其一，要"活成最美的风景"。我忽然想起多年前浏览过的一本书的名字——"给生活加点糖"。"蜗牛"的"对话"就是以特有的方式给自己的家庭生活加"糖"，使别人眼里原本索然寡味的生活有了一丝甜蜜。一个童心未泯又不乏睿智的父亲，一个天真幼稚又童言无忌的女儿，在一次次日常的细小的话语碰撞中，演绎出一幕幕妙趣横生又余音袅袅的生活场景，父女间那种亲昵和甜蜜几乎要溢出纸面，而透过纸面看到的是亲情的渐浓、生活的甜美。糖，又是生命机体生长不可或缺的养分，生活里的"糖"也是人心智成长所必需的养分。一次次对话带来的不仅是父女间的欢愉与亲密，还有品德的催生和境界的提升，这种心灵的互动给父女二人都带来净化和洗礼，尽管作者不愿承认这是教育（可能源于谦逊），但我认为这就是教育，而且是相互间的。更可贵的是这个教育的过程是甜的。

　　写到这里，我忽然有点肃然起敬了，我们都该学学"蜗牛"大宝，学会给自己的生活加点"糖"，让貌似平淡无奇的生活精彩起来，让貌似平淡无味的生活甜蜜起来。若心是甜的，空气怎能是苦的？若心是晴的，窗外的雨丝也会孕育出明朗的诗篇！

　　从"能活着"，到"活出生命的质量""活得精彩"——对大宝来说，我想，这绝不是"野心"！

2018 年寒假于哈师大附中

序言作者：付琪，1960 年 8 月生于哈尔滨市，首批国家级骨干教师，高中

语文特级教师。1982 年毕业于哈师大中文系,大学本科学历。1995 年代表黑
龙江省参加全国首届"语文报杯"课堂教学大赛获一等奖,同年被《语文报》
评为全国语文教学"十大明星"。1997 年荣获第三届"现代园丁奖",2009
年 5 月荣获黑龙江省"五一劳动奖章",2009 年 10 月荣获黑龙江省劳动模
范。现兼任黑龙江省中语会常务理事,黑龙江省青语会理事长,哈师大兼职教
师,教育硕士导师。现任哈师大附中党委书记。

写在前面

　　我相信，生活中的人或事都是一本书，我用自己的人生品读周围的世界，用生命书写属于自己的华美篇章。我的生命之书里没准儿也有你，因为任何人的生命历程必然会有其他人参与其中。我誓要活成最美的风景，美在心里又甜在嘴上的那种。我也愿意供你品读，愿意装点你的美梦。同时，亲爱的朋友，我真心邀请你同我一起书写美丽的生活。

　　《与夏天对话》这本书不涉及太多人，它的出现更多是一种纪念。《与夏天对话》是一些极具画面感和感悟性的文字，如果你愿意用你丰富的想象力参与其中，或许能产生更多共鸣。

作者近照

关于我

与夏天对话的是我，文字中几乎未出现过其他人，所以，《与夏天对话》多是我与夏天的"对口相声"。

先做个自我介绍吧，我叫张彦宝，常被叫作"大宝"，但写东西时我喜欢用"狂奔的蜗牛"署名。"蜗牛"是跑不快的，但"狂奔"表达了执着的态度，对生命的一种执着。

我出生在一个普通的农民家庭，小时候不爱学习，且淘气得很，爬树、上房对我来说就像吃饭、喝水一样简单自然。因此，我

摄于宁夏影视基地

便有了"猴四"的绰号。淘气的代价是经常受伤，因为顽劣，小病小伤根本挡不住我淘气的脚步。大多数的伤没多久就会痊愈，如果没有胸椎挫伤的那次意外，就算近40岁的我，没准儿还在哪棵树上或谁家的房顶与孩子们玩耍呢。那次受伤，起初我也没在意，后来胸口一直疼，几个月后我才和家里说。中医、西医都看过了，甚至"巫医"都试过了，都没治好。再后来，我竟然瘫痪在炕了（那时的农村没有床）。辗转了好多地方，最终确诊为骨结核。因为病情

严重，就算做了手术，也不一定能活命。

　　瘫痪的时候我才11周岁，那时家里很穷，根本没钱给我治病。我清楚地记得，叔叔、大爷们开会，讨论到底要不要弃疗，让我自生自灭。开会时，我就在旁边。那一夜的情形，我始终难以忘记。这不是要记恨谁说过要放弃我，而是在美美回味走在生死边缘上的感觉。

　　我知道家人都爱我，身体健康时不能活出自己的精彩，不能好好去爱那些爱自己的人，是多么悲哀。我知道，那种走在生死边缘上的感悟，是我生命中难得的宝贵财富。

　　听说呼兰有个专业医院对治疗我这种病很有经验，于是父母就挨家挨户地借钱，为让我活命做最后的努力。

　　运气还不错，我活了下来。当然，这其中是有些波折的。例如，我刚一入院就被列为该院的头号患者，却因为父母不懂该医院的"规矩"，而迟迟未被安排手术。几经波折开始手术时，主刀医生却随随便便给了我

作者的父母

一刀，结果切掉了我半块肩胛骨，再扒开胸腔一看，下刀位置弄错了！他又不得不再割一刀，所以我的身上留下了恐怖的17大针的"人"字形刀疤。由于手术时间较长，我中途还醒了！医生在慌乱中，插管时误穿了我的肺，我有好多年都有一个肺叶是瘪的。大概是因为医院以前没有经历过像我这样的大病号，手术结束后，我刚被推出手术室就出现了窒息的状况，所有医生、护士都晕菜地围观

着我已经发紫的脸。

关键时刻总会出现英雄，他就是我的老爸。

老人家也曾经多次因病住院，也便久病成医。见我呼吸困难，就忙问"准备吸痰器了吗？""没有！""这么大的手术不准备吸痰器？把人憋死了你给偿命啊！"那些人已经吓蒙了，任由我爸指挥着："你，去拿一个新的导尿管；你，去拿一个大的注射器；你，把剪刀给我。哭什么，快！"一个地道的农民却像一位了不起的将军在发号施令。不到一分钟，老爸就自行研制了一款简易的吸痰器，他亲自操作从我口中吸出了两块险些让我窒息的浓痰。听病友讲，当我能正常呼吸时，整条走廊的医生、护士、病友、家属都在为我老爸鼓掌。老爸成了英雄，我也成为整个医院里最受关注的病人。

出院时，我还是瘫痪的。重新又经历了一次从爬行到学会站立，再学走步，然后能跑能跳的成长。再后来，我又去学校了。

复学第一天，爸妈对我说："你这辈子不能务农了，因为你根本没有农民的好身板儿。好好学习吧，争取走出农村，将来找一个不用太出力的工作。"回头想想，有时候，"走投无路"反而能帮助你开辟一条更好的路，从那时开始，我变成了一个静下心来努力学习的人。

曾走在生命的边缘上，感受过生命的脆弱，所以，我力求每一段生命历程皆有光彩。不仅学习，我还在其他

"夏天"的童话世界

4

领域一路"狂奔"。大学期间我做过长拳比赛的领拳，得过书法、象棋比赛的奖项，最后我竟然还说相声、演小品、策划晚会、主持婚礼等。从"能活着"，到"活出生命的质量""活得精彩"，我竟越来越"野心勃勃"。

　　也许是险些失去生命，才觉出生命的价值。"既然活着，就要活得有意义，执着地做有意义的事儿！做一只'狂奔的蜗牛'，哪怕步履维艰，也要一直向前。"无论我身处何种环境，面对何种难题，这种想法始终没变。

与夏天对话

关于"夏天"

与我对话的"夏天"不是季节，而是我的女儿。

《与夏天对话》实际上是我与女儿的对话，女儿的英文名字叫summer（夏天）。

调皮的夏天

我并不是一个好父亲，因为我陪伴她的时候太少，在她成长过程中我有诸多的不称职。我整理出与她交流的些许片断，一方面是要留住些美好回忆，一方面是我觉得孩子是天生的哲人，他们的话往往最真。

女儿在立夏那天出生，又恰好之前取好了大名和乳名，妻子说，那就再起个英文名字吧，叫 summer（夏天）。"嗯，还挺好听的！"叫着洋气不说，万一将来结识了外国友人，还显得亲近……于是，女儿除了大名"张洪慈"和乳名"妞妞"，又多了个英文名——"summer"。

再说说"张洪慈"吧。

妻子怀孕时，周围人看了都说是男孩儿。我和家人都希望要个女儿，"未能如愿"，但也只能顺其自然了。想想，男孩儿也挺好，胸怀天下、泽济万民，不正是当初自己的理想抱负吗？妻子也渐渐接受了即将生"男孩儿"的"事实"。

取名时，两个人想到一起了。德才兼具很重要，但关键还要有境界。有人具备才德，却只顾小家，有人则能兼济天下。"泽东""泽民"，都是伟人的胸襟，咱不能屈居人后，叫"泽宇"，惠泽整个宇宙！外星人的事儿，咱也出一分力。于是，"张泽宇"成了孩子原本的大名。

乳名当时还没定，脑子里倒是开始琢磨了，具备德才，还得有个好身体吧，"石头""壮壮""铁牛"？到底选哪一个，还没最终落实。做产前体检时，医生说漏了嘴，"你姑娘各项指标正常，挺好的，放心吧！"妻子和岳母只关注了后半句，前半句似乎没太注意。那天起，我又开始时不时地跟家人大谈女儿的好处。家人莫名其妙，还以为我嫌弃男孩儿，要我顺其自然。与此同时，我已开始偷偷准备给孩子换名字了。原意不变，大爱如"慈"，有仁爱之心，且有滋润万物之意；孩子出生后，农村的爸妈，按孩子出生的日期、时辰算，说孩子五行缺水，取"洪"字补之。孩子最终取名"张洪慈"。

可爱的夏天

期间还是有些小插曲的。在张洪慈出生没多久，有一王姓同事，得了儿子。有人据《中庸》："喜怒哀乐之未发,谓之中。发而皆中节,谓之和。""致中和,天地位焉,万物育焉。"给孩子取名"致和"。因"王致和"与"臭豆腐"同名，同事觉得不妥，想改名。我向他推荐了"泽宇"，没过多久，他又嫌名字太大，孩子成长有压力，最终也没有采用。

　　我当然知道名字并不能决定命运。20 世纪 50 年代，纽约市有一位叫罗伯特·拉尼的人，住在纽约黑人聚居的哈莱姆区，本来已经有 6 名子女。1958 年，当罗伯特的第 7 个孩子降生后，他高兴地将儿子起名为"成功者"（Winner），寓意他今后事事顺风。1961 年，妻子又为罗伯特生下了第 8 个孩子。但此时，罗伯特已对给子女起名字感到厌烦，竟随口为他取名叫"失败者"（Loser）！罗伯特在儿子出生后不久去世。然而罗伯特做梦也没想到的是，两个儿子的人生轨迹恰好和他们的名字相反——尽管拉尼兄弟两人在相同的环境中长大，失败者·拉尼从小处处成功，成功者·拉尼却处处失败！

　　你可能会说，名字既然不重要，那我又何必将时间放在这些无用功上。其实不然，"王致和"易与"臭豆腐"联想一处，有人想到臭，有人却想到了"知名企业家"。名字是给别人叫的，孩子的名字至少不能成为孩子的交往障碍；如果名字背后还有一个美丽的故事，或具备家族荣耀，那它本身不就是一种教育吗？我历来主张，把自己的名字当成品牌去经营。希望孩子通过自己的努力，将来成长为成熟、稳重、有能力、值得信赖的人，如果在所处的团队中，"张洪慈"三个字代表着执行力、领导力，甚至代表整个团队，那就更好了。

　　显然，女儿一点也不在乎我这个当父亲的"良苦用心"。大概从 4 岁开始，她先是给自己补充了"大蒜""酱油""地瓜""菜花"等厨房色彩极浓的名字。我秉承着"欲成国之栋梁，必先远离厨房"的精神，决定带她更多地亲近大自然。结果，她昨天还是"小兔子"，今天就是"大白鹅"，明天又要变成"小绵羊"，而经常一身灰色服装的我，是一成不变的大灰狼。

　　就这样，父亲的期望与孩子的童真一次次碰撞着。

　　"大灰狼"其实是我们游戏中的弱者，因在孩子眼中，伤害其他小动物的野兽都不是好东西。虽然，每天她扮演的小动物都会被我"吃掉"，但"被吃掉"后，她又会想方设法让大灰狼受点儿折

8

磨。例如，她会突然变身，至于是变成"狮子"，还是"老虎"，那要随她心情。她说，狮子喜欢煮着吃狼，老虎喜欢烤着吃狼！因为大灰狼是伤害小动物的坏蛋，所以，孩子总觉得吃掉大灰狼的狮子、老虎是英雄。

我说，如果爸爸这次被吃掉了，游戏就暂停一会儿，因为爸爸累了。这时往往会发生些"极度残忍"的事情：为了掌控游戏时间，她可能只吃掉狼的两条"后腿"，然后把狼放了，留着

因为在家里总穿灰色衣服，妞妞就说我是灰太狼

"明天"捉来再吃。我得像虫子一样在她指定的爬爬垫儿上"奔跑"（实际上是不停地蠕动）。

就这样，记录父亲的期望与孩子的童真一次次碰撞的《与夏天对话》诞生了。

"妞妞，你在做什么呢？"
"我在画爸爸。"
"是嘛，我看看。"
"还没画完呢……"
"爸爸的脚怎么还冒热气呢？"
"它在散发着脚味！"
"……爸爸刚烫完脚——"
"所以冒热气啊！"
"可我怎么看都像脚气呢？"
"'脚气'是什么？脚上冒的热气儿？"
"……对，是脚上冒的热气儿。"

9

"那我画的不对吗?"

"你——画得很好!"

"……"

"妞妞,爸爸把脚上的热气擦掉好吗?"

"为什么?!"

"看着太别扭了!"

"不好,该不真实了。画上热气才像(形象)嘛!"

"好吧,听你的……你还要画什么吗?"

"画我啊,你不是有一个漂亮的女儿嘛!"

"妞妞,咱谦虚点儿好吗?"

"'谦虚'是什么意思?"

"这……就是说……你一定要把自己画得很漂亮才行。"

"好。爸爸,你是不是觉得我把你画的不'谦虚'了?"

"你画得很像(形象)……"

妞妞为我画的人体素描

关于《与夏天对话》

如上，《与夏天对话》记录了父亲与女儿的趣味对话，对话以外的言辞，多以我的感悟形式呈现，这些文字中不乏一些古怪的想法，毕竟，我是第一次当"父亲"。对于那些我的偶尔以"权威"身份进行的说教，还请您多多谅解吧。

文中的配图除相片外，俱是"夏天同学"的绘画、手工等作品。

妞妞的绘画作品《热爱大自然》

如果你认为《与夏天对话》只是我在记录对孩子的教育经历，那么你错了，其实孩子也在教育我。

不信请看——

《遇见乞丐》

一次与孩子一起吃完午餐，走过街天桥时，看到一个乞丐坐在天桥的台阶上伸手要钱。我不打算再给这样的乞丐钱财了。可身边的女儿会怎么想？我故意回避她，尽可能地想转移女儿的注意力。结果她还是注意到了，她用纯真的眼睛看着我，说：

"爸爸，你会给那个乞丐钱吗？"

"嗯……你说要不要给？"

"不给！"

当孩子说"不给"时，我担心到了极点，害怕孩子没有同情心。我带着忐忑的心情小心地追问：

"为什么？！"

"因为她没有劳动啊！"

11

"你不觉得她现在很可怜吗?"

"她身体健康,只是年龄大了点儿,穿的旧了点儿,就想坐着伸手要钱是不对的。"

"孩子,你说得对。哪怕是身体有残疾的人,有很多也是可以工作的,咱们不帮助不劳而获的人……"

"爸爸,那你给我买好吃的,我算不算不劳而获啊?"

"嗯……不算,你还是未成年人,再说,你哄爸爸开心了。应该奖励!"

"爸爸,你以前给拉琴的要饭叔叔钱,也是因为他让你开心吗?"

"差不多,叔叔用美妙的音乐装点了这座城市,也让过往的行人心情愉悦,他的劳动应当得到尊重。"

"噢!"

我们每天都想教育孩子,可曾想过从孩子身上学点什么?

《与夏天对话》确实涉及一些教育方面的问题,但它只是一个不成熟的"爸爸"与一个更不成熟的"女儿"的言谈记录和有点儿"跑偏"的生活感悟,且多为随性之言,不敢说对读者有什么启迪。若实在不喜欢,那您就权当这是一本休闲娱乐的读物,只读"对话"部分就好。

如果你准备好了,我们这就出发——

妞妞的超轻黏土作品《旅行》

目 录

调皮的小馋猫

爸爸 isn't 好孩子

与夏天对话

调皮的小馋猫

"爸爸，为什么我明明吃饱了，可是一看见好吃的就又饿了呢？"

"那是因为你是一只调皮的小馋猫！"

"可我不是猫啊！"

"你是'小馋猫'。"

"我不是！"

"你是。"

"那行吧，我是。你给我好吃的吧！"

"喵，好吃的被大馋猫吃没了。"

"祖国的未来" 想吃好吃的

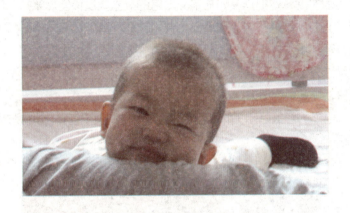

"爸爸，我是祖国的未来吗？"

"是啊！"

"那你不给我买好吃的，是不是想毁掉祖国的未来啊？"

"……宝贝，想吃点什么啊？"

很显然，当时的"妞妞同学"并不是真心在乎祖国的未来，她更在乎"好吃的"。为了美味，孩子也是蛮拼的。

也许是平时给孩子讲故事或开玩笑时，提到了妞妞长大了要如何如何的话，什么"祖国的花朵""国家的栋梁""民族的未来"，孩子未必知道这些都是什么，但肯定能猜出来这些很重要，至少从家人的语气里也能感受得到。

"既然我很重要，那待遇方面自然不应该太差。每天只拿精神奖励忽悠我，那可不行，我要实惠的，要吃好吃的！"我猜，这大概是孩子的心理活动吧。

孩子能不能成为祖国的栋梁，我现在不敢肯定。但她成长的道路上，没有真正的"肯定"，我敢肯定她将来成不了栋梁！

"肯定"什么呢？作为朋友，我请你不要只一味地称赞妞妞漂亮，因为就算她很漂亮，却是父母给的（主要遗传自母亲），与她的"努力"关系不大。也请你不要一味地称赞她"有才华"，因为她很容易将"才华"与"天赋"搞混。我觉得，所谓"才华"只不过是过去的成功积累，现在仍未放弃努力而已。所以，请表扬她的坚持，肯定她的努力。

当然，您最好别一味地口头表扬，因为妞妞还小，她特别想吃好吃的。

"可怜"的妞妞

妞妞小时候不知道有骗子，所以带着她上街看见"乞丐"总会给些施舍，我权当遇见的都是真正需要帮助的人，也借此对孩子进行爱心教育。但因为妞妞还小，我又总是来不及详细设计"教案"，导致最初的教育效果不佳。

"妞妞，你看那个大爷多可怜……"

"爸爸，你是因为他可怜才给他钱的吗?"

"……多半是吧……"

"……爸爸，可怜可怜我吧……"

"?"

"我想吃冰淇淋……"

"……"

"大爷"装可怜，我依然选择奉献爱心，是因为我要给孩子做榜样，希望她将来会努力帮助需要帮助，且值得帮助的人;孩子也学着装可怜，我选择不予理睬，因为我不想她将来成为"乞丐"。

待孩子大一些的时候，我也不会再为"装可怜"奉献爱心了。

冰淇淋要热了吃

"爸爸，姥爷给我买冰激凌了。"

"妞妞，你感冒了，不能吃凉东西。"

"我跟姥爷说了，让他给我热热再吃。"

"姥爷给热了吗？"

"姥爷太馋了，没等热，就自己全吃光了！"

"……"

小孩子可能都喜欢吃甜食，而冰淇淋大多奶味十足，恰好符合妞妞的口味。可能是因为我们平时不让她吃太凉的东西，所以，她想到了这种"给冰淇淋热一热"的办法，但她却不晓得：正是因为事物的某种特定属性存在，它才成为它。去除了这些属性，事物就不会再是原来的样子了。热的"冰淇淋"哪里还是冰淇淋！

孩子说出这些天真的话来，是很有趣的。相信，当妞妞长大一些就不会仅局限于问题的表象了。

我突然有了一个关于"生活中的美味"的思考：

因为感冒，妞妞不能吃凉东西，包括冰淇淋。所以，美味是因人而异，且要因时而动的。

再有，最美味的食品也会有不尽人意的一面。生活中的美味不是因为它的平淡，而是它给人以酸甜苦辣的体验。太过平淡往往趋于平凡。在人的美好记忆中，适当的刺激总会比"无痕"多一些惊艳。

人与人之间的交往大体也是如此吧。有的人很好，却不适合成为你的朋友；你的朋友很棒却未必完美。而那些来自朋友和自己的"不完美"也许正是生活中的"酸甜苦辣"，是精彩生命的味道。

妞妞的超轻黏土作品《套餐》

（都是妞妞喜欢的食品：汉堡、薯条、鸡块、可乐、冰淇淋）

冰淇淋的 N 种吃法

"爸爸，天气这么热，给我买一根冰淇淋吧!"

"好，你想吃什么样的?"

"冰多一点、奶多一点的!"

"就是大的呗!"

"嗯?"

"冰多、奶多，不就是一个大号的冰淇淋吗?"

"哈哈，那听你的，买个大的吧。"

最后我还是选择给她买了一个奶多一点儿的"双子冰淇淋"，（实际上就是两根在一起的"冰棍儿"）主要是怕"冰多"的那种太凉。

"爸爸，你知道我吃冰淇淋，是怎么吃吗?"

"没太注意啊，你是怎么吃的?"

"你猜猜!"

8

"从上往下咬着吃？"

"不对！"

"从上往下舔着吃？"

"'舔着吃'对了，但我不是从上往下，而是从下往上。"

"为什么要这么吃呢？"

"冰淇淋一化，汁儿就从上边流下来了。我得从下边接着啊！"

"那你舔完之后，就不流了吗？"

"还流，而且越来越多，有时都流到手上了！"

"这说明，你这种吃法不科学啊！"

"爸爸，你怎么吃的？"

"爸爸给你做个示范。"

说着我拿起了"双子冰淇淋"中的另一根开始实践教学。

"开始的时候，冰淇淋还没化，所以爸爸从上向下咬着吃。"

味道不错！

"等过一会儿，就像现在已经开始化了，爸爸就把冰淇淋的头朝下，让化了的汁顺势流到冰淇淋的头上，嘣着吃！"

很快，我就把手上的那根吃完了。妞妞学到了知识，我品尝到了美味的冰淇淋。

"爸爸，你买两根冰淇淋不全是给我的啊？"

"呵呵！"

小朋友从小就要懂得分享。

这是妞妞在泰国旅游时品尝到的冰淇淋，还有一种芒果冰淇淋，都是她喜欢的美味。

"不知道"

"妞妞，中午吃什么?"

"不知道!"

"你想吃什么?"

"不知道。"

"你想吃什么午餐，怎么会不知道呢?"

"就是不知道嘛!"

"那你现在好好想想，什么是你爱吃的，附近还有的。"

"想不出来。"

"怎么连自己喜欢吃什么都想不出来了呢?"

"冰淇淋!"

"我说的是吃饭。"

"哦，想不出来。"

"你是不是现在还不饿啊？"

"嗯！"

"那好吧，等你饿了的时候再讨论中午吃什么。"

"那现在能吃冰淇淋吗？"

"不知道。"

"？"

"逗你呢，只能吃一个小的。"

"爸爸，你给我买两个吧。"

"不行，只能吃一个！"

"对啊，我吃一个——"

"那你为什么要我买两个？"

"你给我买两个，然后我好送给你一个啊！"

突然间好感动啊！

第十个包子

"妞妞，你今天在幼儿园里不是吃饭了吗，怎么又要吃呢？"

"爸爸，今天我在幼儿园里吃了9个小包子，都撑坏了……"

"这么多啊，那你还吃！"

"最后，盆里还剩一个，我想吃，被 xxx 抢走了……"

"……"

"那个包子太好吃了，没吃着……"

在妞妞眼里，得不到的那个包子，味道是最好的，以至于在很长一段时间，她都为那个没吃到口的"第十个包子"耿耿于怀。

妞妞的"耿耿于怀"使我想到《红玫瑰与白玫瑰》的一段话："也许每一个男子全都有过这样的两个女人，至少两个。娶了红玫瑰，久而久之，红的变了墙上的一抹蚊子血，白的还是'床前明月光'；娶了白玫瑰，白的便是衣服上沾的一粒饭黏子，红的却是心口上一颗朱砂痣。"这段话不仅适用于男女之情，人们在生活中也

12

会有类似想法："得不到的才是最好的"。

我并不欣赏张爱玲，甚至不太喜欢她，但她的文字还不错。这段文字就在耳边响了好久。

每个人的世界都不会只有一种选择，放弃之前错误的选择，重新开始，是不应该被诟病的。就像学生考试时，发现选择题涂错了选项，拿出橡皮擦掉，重新来过一样，无可厚非。在信息不对称的情况下，谁又能保证第一次选择就完全合乎心意呢？机会成本总是让我们选了这一个，放弃另一个，追求真理的路上走了弯路，重新回归正途，是不容否定的！我要否定的是那种，在"二者不可兼得"的情况下，拥有了"白玫瑰"还想再抱得"红玫瑰"的贪念。

当然，我也反对打着"寻找最适合自己"的幌子，一味地"否定现在"的不安分行为。例如职业选择，我喜欢从事自己喜欢的工作，也有"干一行爱一行"的习惯。有些人则相反，今天喜欢这个，明天喜欢那个，什么事情都不顺心，总是觉得"没得到的那个"会更好些。这样的人，很难过上幸福的生活，即使现在就是幸福的，他也只会把它看成是"一抹蚊子血"或"一粒饭黏子"。

妞妞已经吃了九个包子，撑得够呛，还要吃第十个，确是贪图美味了。凡事适可而止，知足常乐，"撑得够呛"是妞妞为贪嘴承担的后果。生活中，那些已经拥有了"白玫瑰"，又跑去再抱"红玫瑰"的行为，自然也会有严重的后果等着你。而那种，不停地换"玫瑰"的朋友，恐怕从未尝到过美的滋味吧。

妞妞的超轻黏土作品《公主姐妹》

大包子好吃

"妞妞，今天中午爸爸带你去吃小笼包吧？"

"前几天的包子很好吃，还是吃那个包子吧。"

"那家太远了，时间来不及了，这家的包子也很好吃，咱们尝尝？"

"好吧。"

"……"

"咦，这家的包子怎么这么小啊？肯定没有大包子好吃！"

"妞妞，包子不能用大小来衡量味道。"

"可是那天吃的大包子就很好吃啊。"

"你先尝尝，尝了之后再说。"

"好吧。"

"味道怎么样?"

"还行吧……没有那天的大包子好吃。"

"……"

关于吃，每个人的口味可能都不一样，对同一小吃的评价自然也会有差异。我对"小笼包"的评价是"很好!"妞妞则是"还行吧"。没有谁对谁错，只反映个人喜好。

我担心的是，妞妞的答案并非出自真心。

经过前一段时间的观察，我发现在"吃"的问题上，妞妞喜欢回味过去的美食，而对于新口味则甚少果断的尝试。我更担心，妞妞在其他事情上也存在这种犹豫不决的态度。

这大概是我个性色彩较重的期望了，我希望妞妞能天马行空地思考，不拘泥于传统，勇于开拓和创新。毕竟，昨天再美好也已经过去，它不应是前进的枷锁。

"妞妞，别总想着前几天的包子，好好品一品你眼前的这个包子——"

"哎呀，吃个包子嘛，怎么这么啰唆?!"

"好像是啊!"

"……"

"好吃吗?"

"还行吧。"

"还行就多吃点儿——"

"嗨!"

她又嫌我啰唆了。

《阳光好孩子》

15

挑 食

　　"妞妞，多吃菜，爸爸给你夹一块茄子。"

　　"爸爸，我不想吃茄子。"

　　"妞妞，你不是最喜欢吃茄子吗?"

　　"可是，我现在不喜欢了。"

　　"为什么?"

　　"不为什么，就是不喜欢了呗!"

　　"那吃一口白菜吧，'小兔子'最爱吃白菜了。"

　　"我也不想当小兔子了。"

　　"又怎么了?"

　　"总吃白菜，吃烦（腻）了。"

　　"那尝尝木耳吧。"

　　"爸爸，它为什么叫'木耳'啊?"

　　"你看它，像不像人的耳朵?"

　　"像!"

　　"大概是因为它从木头上生长出来，又像人的耳朵，所以人们就形象地叫它'木耳'了吧。"

"'木耳'，木头的耳朵。我尝尝——"

"怎么样？"

"真好吃！"

我猜想，对妞妞而言，是木耳的名字"好玩"，所以才"好吃"的吧?!

刚上幼儿园的时候，妞妞便有些挑食了，而且她挑食的菜品几乎都曾是她爱吃的。需要明确的是，这确实与幼儿园没多大关系，究其原因，还是我们这些大人的错。小时候，妞妞喜欢吃馒头，于是我们就总给她买馒头；妞妞说茄子好吃，我们就连续做了好多顿茄子；爱吃白菜，就上顿白菜，下顿白菜……孩子吃腻了，口味自然更挑剔。

就算是美好的东西，一旦太容易得到，或被"过剩"的满足，时间久了，人们也就不会像之前那样珍惜了。

妞妞既需要"结果的美好"，也需要"过程的美好"。

当然，"物以稀为贵"也是有前提条件的，就是物本身必须优质，否则再稀有也不会"贵"起来。我的厨艺不精也是妞妞挑食的一个原因，做一次难吃的饭菜，孩子便不再信任我的手艺了。

"妞妞，吃菜！"

"今天的菜，谁做的？"

"爸爸的手艺，你尝尝。"

"我想吃姥爷做的蛋炒饭。"

"……"

爸爸做的蛋炒饭不好吃

妞妞特别喜欢吃蛋炒饭，尤其是姥爷做的蛋炒饭。这我就不服气了，蛋炒饭我也会做，应该不输她姥爷的水准。于是，有一天我精心做了一份蛋炒饭，捧到餐桌上，供妞妞品评。

"还行吧……没姥爷做的好吃！"

"怎么会？"

"姥爷做的炒饭硬硬的，你做的太软了。"

"……硬的米饭伤胃，爸爸做的口感多好啊——"

"反正就是姥爷做的好吃！"

"好吧，爸爸下次改进。"

过了几天——

"妞妞，中午想吃什么？"

"蛋炒饭，我最喜欢吃爸爸做的蛋炒饭了！"

"……你不是说，爸爸做的没有姥爷做的好吃吗？"

"因为你当时没陪我'说说话'啊……"

"……吃完饭，爸爸陪你'说说话'……"

"好！"

我经历了多次失败以后才了解到：作品的好坏不单取决于作品自身的品质，还有作品以外的诸多因素。

18

美国豆腐是三角的

妞妞的沙雕作品《鱼》

（1）吃鱼

一次，妞妞吃鱼，突然间大哭起来。

"怎么了，宝贝儿，被鱼刺卡到了?!"

"不是，是塞牙了……"

（2）美国豆腐是三角的

"妞妞，来吃块豆腐!"

"咦，豆腐不是方的吗?"

"方的?"

"对啊，姥姥买的豆腐都是方的，做成菜也都是方的……"

"那是咱们家那儿卖的本土豆腐，这个是日本豆腐，来尝尝——"

"什么是'本土豆腐'?"

"就是——咱们中国做的那种四方的豆腐……"

"……哦,中国的豆腐是方的,日本豆腐是圆的……那美国豆腐就是三角的了?"

"……"

哪儿来的逻辑?!

但"聪明"的我,选择"赞同"。

"对,妞妞说的对,美国豆腐就是三角的!"

胆小的爸爸

　　"大灰狼，你的肚子可真大啊！"

　　"是吗？我看看……一定是因为我刚刚吃掉一只可爱的小兔子。"我故意做出要吃掉妞妞的样子。

　　"哇，好多肉啊！我想尝尝好不好吃——"妞妞却

在我要吃她的时候表现出馋嘴的表情，而且学着我的样子，龇着不太整齐的小牙，故意吓我。

　　"嗯？妞妞，你是小白兔，我是大灰狼，你只能吃青草、胡萝卜，不能吃我！"

　　"嗷……嗷！我现在是大老虎了，我要吃肉！"

　　"救命啊，你不能吃我，千万不要吃我啊……"

　　"爸爸，你胆子真小，我在逗你玩儿呢，别害怕，背我去餐桌那里吃别的好吃的吧！"

　　"你穿上鞋，自己去。"

　　"那我就吃了你！"

"千万别吃我啊……爸爸这就背你去。"

"爸爸，你胆子可真小！"

"是吗？妞妞，开心果让我放楼上了，咱们上楼吃吧。"

"……那，你先去把灯打开吧。"

"为什么？天还没怎么黑呢。"

"楼上有大怪物，爸爸你快点儿去开灯啊！"

"呵呵，爸爸胆子小，不敢去开灯，要不咱们就不吃好吃的了。"

"不行！"

"不行怎么办？爸爸胆子小。但你是大老虎，是兽中之王，妖怪肯定怕你，要不你去开灯？"

"不行——爸爸，你难道不馋吗？"

居然用美食引诱我。

我——决定上当。

妞妞庆祝胜利的习惯手势

22

希望姥爷来接送

"爸爸，你为什么总是开车（接我）啊？"

"因为开车方便，还快啊。"

"多堵车啊！"

"嗯，今天是有点儿堵。过了这段路就好了……"

"都开车当然堵了！"

"你的意思是——"

"我们老师说了，大家都开车来（接送孩子），车太多了，所以堵车。"

"那下次爸爸不开车？"

"嗯，下次姥爷来接我吧。"

"为什么不让爸爸接呢？"

"姥爷每次接我都给我买好吃的……"

感觉最后一句是重点，妞妞同学的潜台词明明就是"不给买好吃的爸爸不是好爸爸！"

"吃到撑"

　　带妞妞去吃饭，我已经吃饱了，她看到还有几块比萨和一点儿山楂沙拉，就想把它们都消灭掉。才吃了几口，就明显看出妞妞已经力不从心，她也因此开始打我的主意了。

　　"爸爸，你吃饱了吗?"

　　"吃饱了。"

　　"那你吃撑了吗?"

　　"吃撑了，哎呀，好撑啊!"

　　"那你吃几块山楂糕吧，消化消化。"

　　"!"

　　"你快吃啊，吃完了就不撑了!"

　　"其实，爸爸也没那么撑。"

　　"哦，那你再吃几块比萨吧。"

"！"

"剩这么多，你得吃饱啊。"

"爸爸已经吃饱了。"

"那你吃山楂？"

我突然想起小时候，我的母亲曾说过，"宁可撑死个人，不能占个盆"的话。妞妞这么小，但似乎已经得到了奶奶思想的精髓。

"爸爸吃得刚刚好，什么也不想再吃了。"

"那多浪费啊！"

"那也不能因为怕浪费，就把自己撑坏了啊！"

"你真吃到撑了吗？"

"没有，爸爸吃得刚刚好。"

"我吃的有点儿撑了，还得再吃点儿山楂糕，消化一下！"

"！"

带妞妞出去吃饭时，大多数都是光盘行动，以至于我很久才发现妞妞不大喜欢打包。她最初觉得好吃的要"趁热"吃才好，打包回去的食品，即便再加热一下，也不再是原来的美味了。其实有些食品是这样的，再加热时会破坏味道或口感，但妞妞主要还是心理作用吧！

有过几次"吃撑"的经验，妞妞在吃饱后也就不再勉强自己了，似乎她也明白了，美味并不是占有的越多越好，而应当适量。

精油味儿的饱嗝儿

　　为了帮助妞妞提高身体免疫力，有段时间我们会给妞妞喝两滴保健精油。每种精油的味道都不同，妞妞常喝的那种味道有点怪。

　　"爸爸，我今天又得打精油味儿的饱嗝儿了！"

　　"精油味儿的饱嗝儿，那不是很好嘛。"

　　"好什么啊，我不喜欢那个味道。"

　　"哦，那你想打个什么味道的饱嗝儿呢？"

　　"好闻的呗！"

　　"芒果味儿的？"

　　"不好！"

　　"香蕉味儿的？"

"还行。"

"苹果味儿的?"

"现在不想吃苹果。"

"橘子味儿的?"

"嗯!"

"榴梿味儿的?"

"嗯——可是榴梿只是好吃,榴梿味儿的饱嗝儿不好闻啊!"

"那——你还要不要了?"

"上学时不要,回家的时候再吃。"

"什么精油味儿的饱嗝儿不好闻,我看你就是馋了。"

"不是啦,真的很难闻。但我也想吃好吃的啊!"

以我丰富的经验来判断,这句话应当是妞妞心里的真实想法。

妞妞是小猫

一晃，妞妞快七岁了。

一天，清晨醒来时，我感觉还没睡够，就磨蹭着不想起床。正迷迷糊糊时，突然觉得身上一沉，竟是妞妞轻巧地从我头顶跃过，然后重重地"砸"在了我的肚子上。妞妞压得我很痛，但她自己却不觉得，只认为这很有趣。因此，无论我怎么让她下去，她都当没听见。过了一会儿，痛劲儿过去了，她还是赖着不走，我猛地一翻身，想就此摆脱她，却不料她早有准备，我刚要爬起来，她却又灵巧地跳到我的后背上，死死抓住我不放，还要玩儿"过山车"的游戏。"过山车"是妞妞给起的名字，实质上就是她趴在我后背上不动，我带着她做俯卧撑。

"你都多大了，爸爸背着你做不动啊！"

"不行，你不做，我就不下去。"

"好吧，做几个？"

"二十个。"

"做完了，你就下来。"

"好。"

等我带她玩儿完"过山车"，她果然守信用地从我后背上下来了，然后又学着小猫的样子，伸出舌头舔了一下我的脸。

"你干什么?"

"我是小猫,正舔你呢。"

"爸爸刚睡醒,还没洗脸呢,而且刚才陪你玩儿,出了好多汗,多脏啊!"

"那我用脑袋蹭……"

说着妞妞就把脑袋伸了过来,在我的脸上蹭来蹭去的。

我摸着妞妞的头发说:"你这是想当小猫成魔了?"

"爸爸,你知道小猫最喜欢别人怎么摸它吗?"

"是这样吗?"我又用食指勾了勾她的小下巴颏儿。

"不对,是从上往下的,就像这样的……"

她一边说一边给我演示起来。

"为什么呢?"

"不知道,但小猫可喜欢这样了。"

"你亲自试过了?"

"嗯!爸爸,给我买只猫吧。"

妞妞当时还不能独立地照顾小动物,不能合理地安排学习和休息时间。再有,我又是个照顾孩子方面比较粗心的人,怕小猫、小狗身上的绒毛、灰尘等对孩子的呼吸道有伤害,且有些小动物携带病菌。所以说,养猫的这件事情,我和妞妞都还没有准备好。

"咱们家不是有你这只小猫了嘛!"我微笑着又用手指刮了一下她的小鼻子。

"我算什么猫啊!"

"你算小馋猫呗!"

"喵,大懒猫起床,给小馋猫买好吃的去!"

"!"

这个结局太出乎意料了吧!

《猫》

妞妞买东西

"爸爸，我要喝果汁……"

"家里没有果汁了。"

"可我馋果汁了，爸爸，你给我榨点儿呗……"

"那你亲亲爸爸……"

《买东西》

"你也不好看啊。我还是花钱买吧，一杯果汁多少钱？"

嗨，居然被女儿嫌弃了，可又有什么办法呢，人家是实事求是，我也只好从市场的实际行情考量果汁的价格了。

"16 元！"

"可我只有 13 块钱啊！你给便宜点呗？"

"可以啊，给你便宜 2 块钱。"

"太好了……可我还差 1 块钱呢！"

"你可以帮忙做些家务，我视情况再给你便宜点儿……"

妞妞听我这么说，就赶紧跑过来把餐桌上的碗筷收好了，动作麻利得很，东西收拾得也规整。

"……爸爸，我把碗都捡下去了，你给便宜几块钱啊？"收拾完碗筷，妞妞兴高采烈地跑过来说。

"妞妞真棒，爸爸再给你便宜 2 块钱……"

"呜呜呜……不干!"妞妞先是一愣,随后竟大哭起来。

"刚才我就说了一句'便宜点儿',你就给便宜2块钱,我捡了那么多碗,你还是便宜2块钱,我不干!"

"?"

"我还不买了呢!"

"?!"

什么情况?让我将将刚才发生了什么。

说了一句话,得到了"便宜";干了"很多"活儿,得到了与先前一样的"便宜"。然后,这个人觉得不公平,不高兴了。这是什么逻辑!

一个人之前能够"不劳而获",之后"劳而才得"就觉得不公平?我是不能鼓励孩子的这种想法的。定价16元是我参考市场价格随口一说,而应妞妞要求,便宜2元是一种情绪上的良性互动。便宜2元而不是3元,是不想让"交流"就此结束。差1元总得想办法解决啊,这就是教育的契机。

没想到,时机不对。妞妞今天对果汁的渴望远不及她想偷懒的想法强烈。她的情绪失控,导致我的教育引导行为失败。当然,这也使得她先前的工作成了无用功。妞妞不高兴,我也晕菜了。

可见,失去正义的情绪失控,伤人伤己。

生活中,有人觉得"我,就是我";有人觉得"我就是一切";我则喜欢看过的一篇文章,叫"我,是一切的根源"。

如果这件事不是发生在一个人身上,而是两个人呢?一个人说一句话得到了"便宜",而另一个人做了很多工作,得到的与前一人同样的"便宜",或者后者根本就没有得到什么"便宜"呢?就算情绪不失控,大概下一次大家都只说不做了吧。

爸爸是笤帚

"爸爸,我都吃完饭了,你怎么还在吃啊?"

"爸爸在打扫剩饭……"

"爸爸,你是笤帚啊!"

"?"

"爸爸给你!"

"你怎么又剩饭了,别把剩饭给我!"

"为什么啊,你不是笤帚嘛!"

"!"

自从开始"打扫"剩饭,我在妞妞那里就有了"笤帚"这个绰号。

正是这段时间,我的"体重"正式向我的"身高"发出了挑

32

战——"165come"……几乎所有的同事、朋友，甚至家人都说我"月半"了。容不得我不承认，因为这是铁的事实。

我也相信各人眼中的"月半"各有其含义。

说我"月半"的人道出的首先是关于我外形的描述，更有些关于健康和"美"等方面的关切。虽然我跟"美"不搭边儿，但"一白遮百丑，一胖毁所有"的告诫毕竟太深入人心了。关爱我的人也许是希望我能够保留住他们"不舍弃我"的最后理由吧。

"瞧你胖的，还能看到脚趾吗？"

"最近伙食不错？"

"肚量见长啊，兄弟！"

"看到你，我发现：岁月果然是一把猪饲料！"

我是开得起玩笑的，但生活不只有玩笑。如果人们始终选择用此类词语表达关注，可能最终就没朋友了吧。因为，我觉得人们还是最希望听到真正的关切，毕竟，真诚且直白的爱应该会让人更加轻松些吧。

在所有说我"月半"的亲友中，知道我详细信息的人，往往少有嫌弃，且会第一时间真情流露，道出关切的言辞。这丝丝的温暖总是比厚厚的脂肪更能抵御严寒。当然，最暖心的还是老妈的话，"胖点儿好，能吃是福。想吃啥，妈给你弄。"在父母眼中，面对儿女大概从来未出现"骨感美"这类词语，而只有"瘦＝营养不良"的这条铁律吧。

爱就应该用爱的方式来表达。哪怕不爱，也请更多地使用"美丽"的语言。有一个故事：一个黑人出租车司机载了一对白人母子，孩子问妈妈："为什么司机伯伯的皮肤和我们不一样？"

母亲微笑着回答说："上帝为了让世界缤纷，创造了不同颜色的人。"

到了目的地，黑人司机坚决不收钱。

他说："小时候，我也曾问过母亲同样的问题，但是母亲说我们是黑人，注定低人一等。如果她换成你的回答，今天我可能是另外的一个我……"

请记住：我们说的话都在撒着不同的种子，善良的语言成就一生！

说回来，我一生的最大成就大概就是有个可爱的女儿。虽然有时候她的话比较"伤人"。

"爸爸，你肚子这么大，想生小宝宝啊？"

"爸爸，你太胖了，肚子大得快赶上 XXX 了！"

好吧，我减肥。

不为别的，为了健康，为了关爱我的人。

呆萌的小不懂

"爸爸，你小时候也爱吃糖吗？"

"爱吃。"

"你一天吃几块糖？"

"爸爸好几个月也吃不上一块糖。"

"为什么啊？"

"爸爸小的时候爷爷家里穷，没钱买糖啊。"

"你现在是不是也没钱？"

"你怎么知道的？"

"因为你现在也不怎么吃糖啊！"

"啊！"

"我分给你一块，快吃吧。"

"谢谢，你真好！"

法国教育家卢梭曾说："大自然希望儿童在成人以前就要像儿童的样子。如果我们打乱了这个次序，我们就会造成一些早熟的果实，他们长得既不丰满也不甜美，而且很快就会腐烂。"

"乐"真淘气

（1）太阳没电了

"爸爸，为什么太阳白天很亮，到了晚上就不太亮了呢?"

"你说呢?"

"是不是因为它晚上没电了?!"

"……"

（2）"不晕车药"

曾去泰国旅游一段时间，妞妞有些晕车。

"来，妞妞把晕车药吃了……"

"晕车药? 我都晕车了，还吃晕车药啊!"

"'晕车药'不是吃了晕车的药，是吃了以后'不晕车'的药。"

"那应该叫'不晕车药'啊。"

"好，以后咱就管它叫'不晕车药'。"

过了一会儿——

"妞妞，还晕车吗?"

"晕!"

"咱这'晕车药'不好使吗?"（我近乎有点儿自言自语）

"爸爸，这药是不是中国的?"

"对啊，国产的。"

"嗨，爸爸你是不是傻了? 咱们已经到泰国了，中国的晕车药，在泰国能好使吗?"

"!"

最让人受不了的是: 妞妞把话说完，竟然还摇了摇头，一副对我很失望的样子。

这种场景我已经见得很多了。哭泣 ing!

③ "乐"真淘气

"爸爸，这个字到底念什么啊?"

"音乐的'yuè'!"

"那个字不是念'lè'吗?"

"对，它也念'lè'，比如，快乐、欢乐，都是它。但它还念'yuè'，比如，音乐、乐曲——"

"它怎么变来变去，这么淘气啊?"

"……"

事物的复杂性给人们带来很多困扰，世界却也因此而变得精彩。

妞妞为纪念去泰国旅游画的《泰国印象》

38

妞妞用超轻黏土在矿泉水瓶上的创作《三重世界》，它有三重结构：金鱼代表海洋，白云和太阳代表我们能看到的世界，玉兔代表神秘且遥远的未知世界。

"乐"很淘气，我的妞妞何尝不是，她的"淘气""稚气""神气""小脾气"却使我的生活充满乐趣。

妞妞还是小孩子，等到再大一点，成为小女孩的时候，我可能会有另一种期盼。我总觉得，作为父母要做到"别怕男孩淘气，别烦女孩撒娇"，因为，这些都是他们个性特质成长所必需的东西。我甚至认为，不会撒娇的女生，将来往往不会讨人喜欢，自会少了些许来自异性的疼爱。会撒娇的女生惹人疼！

不会淘气的孩子，智力开发往往略显不足。试想，一个孩子想要"淘气"，总得想尽办法实现目的，在与父母的"斗争"中，"淘气"方案的严谨性和可操作性会不断升级，孩子的智力和体能也会得到锻炼。这也是我作为教师，为什么不反对给学生更多体活课，让学生各种淘气的原因。当然，前提是你要完成自己的学习任务，只有拼命学，才能尽情玩。

39

双层巴士

回家的路上，偶遇了双层巴士。

"妞妞快看，那辆车多高，是双层巴士！"

"爸爸，它是两层的呀？"

"是呀……"

"那……如果，下面的司机向左转，上面的司机想向右转怎么办呢？"

"这个其实……"

"爸爸，它会不会一下子就变回两辆车了？！"

"……孩子，你说的是变形金刚！"

"爸爸，'变形金刚'是什么？"

"嗯……当我什么也没说。"

"你明明就说了啊！"

"......"

孩子的想法往往简单直接，在大人眼里充满童趣。但还是请把我的尴尬跳过去，直接说两个驾驶员吧。

我不知道怎样驾驶双层巴士，但我知道，一辆双层巴士不能同时安排两个驾驶员，不然，协调始终是个问题。

生活中有没有两个驾驶员的"双层巴士"呢？我看是有的。在我教学的案例中，有些单位就出现过多个部门管一摊事儿的情况，且都想掌握"大权"，有的部门也出现过两个或多个掌握方向的人，有人想"向左转"，有人想"向右转"，各自坚持。结果，可能是好好的双层巴士，被硬生生地撕裂成几块无法行动的废铁。

像妞妞那样年纪的小娃娃说出来的话是童趣，但如果换成像我这样的成年人，在年长些的"大人"们的眼里，恐怕就成"吐出来的象牙"了。

经历是财富，高深些的问题还是由年长些的"成年人"来回答吧。

妞妞的贴画作品《鱼》

车耳朵

"爸爸，那个车没锁！"

"是那'辆'车，不是那'个'车。"

"哦！"

"你怎么判断它没锁的？"

"它的'小耳朵'没有收起来。"

"'小耳朵'是什么？"

"你看那个车灯，不像车的小耳朵吗？"

"像！不过，有的车在上锁的时候，车灯会自动收回来，有的不会。"

"聪明的车就会收起'小耳朵'。车不开了，该睡觉了，就把耳朵收起来，什么（吵闹的）声音都听不见了。"

"嗯，刚才的那个是一辆笨车。"

"爸爸，你小点儿声，它听咱们说话呢。"

是吗，我要不要跟那辆车道个歉？

买火箭

"爸爸，咱们家的车为什么是白色的呀？我喜欢黑色的车！"

"好，等以后你长大了买黑色的车。"

"爸爸，我这么乖，你给我买呗……"

"好！"

"爸爸，长大了，你也给我买高跟鞋吧……"

"好！"

"爸爸，长大了，给我买个手机吧……"

"好！"

"爸爸，我还想要个电脑……"

"好！"

"爸爸，电视里头那个——下面喷火，飞到天上去的是什么啊？"

"那是火箭。"

"爸爸——"

"妞妞，那个，爸爸买不起！"

　　这次的事件很大！它让我"警觉"的事情有三：

　　第一，不要轻易承诺十几年后的事情。孩子终有一天会长大的，长大后，有很多事情还需要你来出手相助，那她实质上还是个孩子。

　　第二，不要轻易对自己的女儿做太多物质方面的承诺。啥东西都要老爸来买，估计这孩子是嫁不出去了。

　　第三，不要让孩子"不劳而获"，要让孩子感受到想得到什么都不容易。估计，这样她才会对"获得"有所珍惜，否则只会更加得寸进尺。

　　不懂得珍惜，真的给孩子买了火箭又如何！

　　小时候，家里过年要贴窗花，我属马，就求妈妈为我剪了一张小红马。虽然爸爸评价说，那是一头"长得很像小兔子的驴"，但我很喜欢，毕竟玩具太少，且来之不易。我一直将其夹在数学书里，时常拿出来欣赏一番，直到小学毕业，我一时失察，竟连同数学书一起捐给了学弟。

　　"长得很像小兔子的驴"再也找不回来了，可"小红马"却一直在我心里。

给小鸡擦屁股

（1）给小鸡擦屁股

"妞妞，你养的小鸡又跑出来拉屁屁了，你快把它处理干净！"

"可是，爸爸，我抓不住它！"

"你抓小鸡做什么？"

"不抓住它，怎么给它擦屁股啊？"

"……"

嗨，孩子，爸爸不是叫你给小鸡擦屁股。

② 自己的事情自己做

"爸爸，我养的小鸡又拉屁屁了。"

"你的宠物，你要负责清理啊！"

"爸爸，你不是说：自己的事情自己做嘛。"

"对呀，所以你应该……"

"那小鸡应该自己清理啊……"

"嗯？"

"不对吗？"

"……"

你还是爸爸的宝贝嘞，你咋不自己洗衣服，你咋不自己做饭，你咋不自己收拾房间，你咋不……

"自己的事情自己做"这句话挺有意思：

首先，应该是自己能做的事情自己做。有些目前不会做的事情要学着去做，如洗袜子、整理书籍和玩具等；有些较复杂不能做的，先做好积累，尽量先别乱出手，如炒菜等；自己能做的且需要做的事情要尽力做好、做精，最好能总结出"学问"来，将来好帮助别人学会。妞妞现在做手工的审美能力和操作能力已经远胜过我，所以，类似课件配色的事情，我偶尔要请教她的。

其次，"自己的事情自己做"并不意味着一定要自己动手。就像拖地、擦玻璃这类工作，我们既可以自己动手，也可以请小时工帮忙。如果不涉及锻炼、学习或某些原则问题，孩子也应当树立这种意识，学会分工与合作。妞妞想吃核桃，而我在收拾餐桌，于是我们商量了换工的事情，她先帮我把碗筷收拾并清洗了，我则为她精心地剥核桃。

我觉得，这也是自己的事情自己做。尤其当我们自己没有能力做好某事的时候，退缩、推却都是错误的，应学会利用资源，办法总比困难多。

妞妞喜欢吃我剥的核桃。我剥核桃比妞妞快，比妞妞剥得更完整，还更好吃。因为，这不只是核桃。

《鸟》

46

妞妞想长高

"爸爸，我为什么长不高啊?"

"妞妞，咱们昨天读的故事书里不是说了吗，你得吃饭、运动、学习、好好睡觉啊!"

"那好吧……"

"妞妞该起床上学去了!"

"不，你不是说要好好休息嘛，我要再睡会儿!"

"……"

"爸爸——"

"?"

"我真的长高了，你看：我的被都盖不住脚了。"

与夏天对话

　　"宝贝儿，你把被盖横了……"

　　妞妞按有利于自己的方向去理解事情，是否是利己的表现？呵呵，说得好像很严重，但其实，我也是如此。

　　作为班主任，我每天要很早到班级，所以家里的早餐就要更早做好。学校食堂也是有早餐的，只是不及家里做得对心思。后来，学校照顾班主任，宣布班主任的早餐可以免费签单，不必刷卡。从此，我便顺理成章地跑到食堂吃早餐了。当别人随口一问，"到食堂吃早餐了？"我脱口而出的是"方便""省事儿"，其实，门口的小吃也很"方便""省事儿"。所以，显然我选择性地埋没了一个利己的声音——"省钱了！"

　　有人把利己分了四个层次：有他无己，先人后己，先己后人，无他有己。倘若真是这样，那我每天跑到学校来吃免费早餐算哪一个呢？

　　有高人指出：到食堂吃早餐，获得了几块钱的"利己"，但若你能体会学校的良苦用心，用完早餐，早些到了班级，组织学生学习，与孩子们谈心，那便是学校和学生的"大利"。一顿免费早餐的小利实质是实现利公的有利条件，如我一样仅看到省了几块钱，则是境界不高了。高人并不是因为其力量的强大，而是他能正确使用力量，将自己的魅力化作力量去影响周围的人。现在，我以每个工作日都坚持到食堂用早餐，而后再早早进入班级为荣。

　　高人的点拨使我更加觉得沟通是门艺术，而我又恰恰缺乏这方面的艺术细胞。我常教育妞妞做一个"利群"的人，也好映衬着"洪慈"的名字。可我却没有那位同事的谈话艺术，甚至有时会把"提醒的话"表达成了"批评"：

　　"妞妞，你的玩具怎么到处乱放，赶紧收拾一下！"

　　"妞妞，你的书和玩具都放乱了，现在收拾一下，好吗？"

　　孩子在两种不同的语境下，情绪反应和接下来的表现也是不同的。

　　切莫再用"有容乃大，无欲则刚"来标榜自己，若将这话用在

48

与人相处上，简直就是愚蠢。亲人间需要温情，朋友、同事甚至陌生人也同样需要温暖。天下之至柔，驰骋天下之至坚。沟通的艺术并不是精确表达事实，而是要让听者高兴聆听，悦纳意见。

所以，妞妞想长高，妞爸需要长高。

妞妞的超轻黏土作品《小公主》

"燕子的窝不属于燕子"

"妞妞快看，咱们家的燕子回来了！"

"爸爸，你为什么说'咱们家的燕子'啊？"

"……因为它在咱们家的墙上垒窝了……"

"……那燕子的窝也是咱们家的了？"

"……有道理，燕子的窝不属于燕子！"

小燕子长大了，房子不够住了！

多年来，你们未经我同意，在我家墙外四处扩建，这好吗？

来来来，咱们谈一下墙体使用权的问题，顺便你也补办一下窝产证。

为爸爸唱歌

妞妞晚餐前说要给我唱首歌，那坏坏的小表情，让我瞬间以为她要唱《世上只有妈妈好》，紧张 ing……

想想自己平时的搞怪，妞妞必是得了我的真传。

记得，某次学校运动会时，朋友问我，这些项目有没有你擅长的，我说——

"就两项不行。"

"哪两项？"

"这项也不行，那项也不行！"

"……"

"有没有比肺活量的项目？"

"体型上看不出来你有啥优势啊！"

"俺能吹牛，别人谁行！"

有这样一个不着调的爸爸，妞妞小朋友必会"长江后浪推前浪，把她爸爸拍在沙滩上吧！"

还好，唱的是她自己编的《爸爸快乐》！

看来，我是多心了，以后一定要做个好榜样。

现在，还是美美地享受《爸爸快乐》吧，心情如斯：

心在飞，入一片荷塘……

竟有可以触摸的芬芳……

心渐静了，静了，了……

经典老师

"爸爸!"

"嗯?"

"我看见我们的经典老师跑出去教高年级体育课去了。"

"真的吗?!"

"嗯……他是不是傻了?"

"……"

妞妞有些用词不当,但就算她能准确用词,我也无法回答她提出的问题。

老师怎么会弄不清自己是教什么的,而稀里糊涂地走错课堂呢。后来才知道,由于妞妞所在的小学校扩招,老师严重不足,所以经典课是由部分体育老师兼职的。

"他是不是傻了?"这是孩子的疑问,我也有些困惑。因为,虽然不排除有体育老师的国学水平很高，但总感觉不"专业"。

经济学中常提到一句话："世界上没有垃圾，只有放错了地方的资源。"我觉得论人才也行得通。这世上没有真正的庸才，只有放错位置的人才。反过来，大才、小才、全才、专才都一样，找错了位置，都是庸才。

如果身材高大的姚明当初选择的不是打篮球，而是练习举重，自小患有自闭症的菲尔普斯不是去游泳，而是迷上了花样滑冰，他们恐怕无法取得现在的成就。

人总要找准自己的位置，也要把别人放在该有的位置上，适才而用。专业性的活动要有专业精神和专业技能，这些事情都马虎不得。

不然，就真是傻了！

其实，在妞妞眼中，我是经常"犯傻"的。

"爸爸，小鸟会唱歌吗？"

"会啊！"

"那'小鸟在唱歌'不是拟人句，对吗？"

"'小鸟在唱歌'是拟人句！小鸟在鸣叫，是我们人类把它当成小鸟在愉快的歌唱。"

"可我怎么觉得小鸟就是在歌唱啊！"

"妞妞，鸟儿不会唱歌——"

"可你刚才还说，小鸟会唱歌呢！"

"……"

妞妞的手工作品《飞向彩虹的鱼》

学英语

"爸爸，今天我们英语课做手工。"

"那你东西都准备好了吗?"

"可我不想做手工，也不想去上英语课。"

"为什么啊?"

"我的好朋友不在这个班里了，你给我换个班吧。"

"换到你好朋友的班级?"

"嗯!"

"妞妞，你到英语班是来学习的。你好朋友是因为跟不上学习进度才转班的，你不能因为她转班就中断自己的学习啊。"

"那学习英语有什么用啊?"

"还记得咱们之前去泰国旅游吗?"

"嗯，记得。"

"出国交流时，很多时候会用上英语，如果语言不通，很多事情都办不成啊。"

"怎么办不成啊？"

"比如，爸爸是卖美食的商贩，你来买东西——"

"我想要一个'榴梿冰淇淋'。"

"Can you speak English？"

"啥意思？"

"Can I help you？"

"你说的什么啊？"

"看，不会英语，不能吃好吃的。"

"可你明知道是我，为什么不说话（汉语）呢！"

"爸爸这不是在扮演外国人嘛。"

"可你明明是中国人啊！"

我突然想起，2016年到泰国旅游时，我想感受一下泰国轻轨。我用自己掌握的为数不多的英语单词，一路问啊！后来看到一个中国人模样的小伙子，我激动得不得了。

"Sorry, Are you Chinese?"

"Yes!"

"Great!"

"Can I help you?"

"Yes, Do you know……哈哈哈!"

"What……哈哈哈!"

两个神经病,都忘了可以用中文交流!

还有一次,是在国内。我吃过晚餐,出去散步,步行到医科大学的校园里,碰到几个"印度人"问路。(我对外国人有脸盲症,对比曾看过的印度电影,看起来像是印度人,那就暂且把他们的国籍定为印度好了)我当时就想,考验本尊英语水平的时候到了!结果,人家叽里咕噜说了一大堆,我竟一个单词没听懂。

"Are you speaking English ?"

几个老外面面相觑,"We are speaking Chinese ,大哥!"

好尴尬啊,"Sorry !"

"二院怎么走?"

"There !"

"谢谢!"

"You are welcome !"

"再见!"

"Bye!"

旁边的大爷一直笑,还冲我竖大拇哥。走出医大校园才反应过来,真傻!本来很简单的事情,因为"大脑短路"反而弄复杂了。

以前就有人说过,只要把我放到国外,不出仨月,英语绝对一流。我说是不是你看出我聪明了,他说不是。我又怯怯地说是不是我英语底子好,他说别臭美了,是因为你脸大,敢说,还啥人都敢搭腔!

那又怎么了?!英语对我来说只是一个交流的工具,还谈不上生活的必需。我能在泰国自由地行走,能在美国把要表达的让对方明白,不就可以了嘛。

我觉得,交流最实在的语言就是"手语"和"情绪",外语单词会几个关键的就足够了。我在国外用餐基本上都是这样的:

"Waiter!"

"Can I help you?"

"Order."

"Certainly, sir. What are you going to have?"

"This ,one ;this ,one .How much ?"

　　然后，不管他再说什么，递过一张大票，让他找零就 OK 了，他要是摇头，你就再递过去一张。

　　回头想想，妞妞喜欢体育、喜欢绘画，可她的很多时间都耗在她不喜欢的英语上。如果妞妞将来真的不是以英语来谋生，或提高生活甚至生命质量，那她的问题就是有道理的，"她花那么多时间和精力来学习英语，到底有什么用?!"

　　从机会成本的角度说，我宁愿她有一个快乐而充实的童年。可是从中国目前的教育现状和我在家庭内部的地位来说，愿望很美好，现实多困扰。

《套娃》

57

结　婚

（1）太传统了

带妞妞参加同事的婚礼，司仪送给她一个大玩具，孩子当时很高兴，可一会儿又突然有些生气。

"爸爸，你和妈妈的婚礼为什么没叫我参加啊?!"

"……"

对不起，孩子，都怪爸爸、妈妈太传统了……

（2）生宝宝

"爸爸，你知道我是谁生的吗?"

"是爸爸妈妈呗!"

"不，是妈妈。"

"妈妈自己怎么生啊……"

"妈妈说她是姥姥生的，我是妈妈生的。"

"你妈妈说得很对。"

有时候，明明道理很简单，却因为面对的对象不同，而无法正确解释。

（3）想要个姐姐

国家放开"二胎"政策了，好多人都在谈论生

《大宝、艾丽、大艾、小艾》

二胎的问题。也许妞妞听到了大人们的议论。

"爸爸，你和妈妈再生个宝宝呗！"

"好，你想要个弟弟还是妹妹啊？"

"嗯——我想要个姐姐！"

"?!"

这个，爸爸做不到啊！

④ 妞妞想结婚

"爸爸，我想和C结婚。"

"妞妞，你想结婚这个问题太早了吧！"

"A、B、C和我，我们总在一块玩儿，A听家里人说小女孩儿长大了都得和小男孩儿结婚，她昨天先选了B，还跟我说不能跟她选一个，那我只能和C结婚了。"

"……妞妞，不是那样的，你还小，不到结婚的时候。再说，在你长大的过程中还会碰到好多男孩儿，不一定非要选择C。"

"你们大人可真是的，为啥要换啊?!"

"……"

"C说，最喜欢跟我玩儿，比你们大人强多了！"

"……"

这都什么啊！

可我怎么就说不过她呢？

流泪 ing……

59

"离婚"

(1) "离婚" (1)

"爸爸，男的和女的住在一起是不是就结婚了？"

"……是吧……"孩子怎么会突然问这个问题，这让我怎么回答呢，勉强应和着，看看她是什么意思。

"那他们又分开了，是不是就离婚了？"

"……差不多……"

"爸爸，咱们离婚了吗？"

"咱们?!"

"啊，我都自己一个人睡了，不就是跟你和妈妈离婚了嘛！"

(2) "离婚" (2)

"爸爸，这里是俄罗斯吗？"

"这里包括俄罗斯原来
都是苏联，现在分裂了，这
几个地方改名字了……"

"分裂是什么意思？"

"意思就是……原本组
成苏联的那些小国分开了，
不在一块儿生活了……"

"就是离婚了呗！"

"……差不多……"

"他们为什么离婚啊？"

《离婚》

"……感情破裂了!"

(3) 祖国的对门儿

妞妞在看地图。

"爸爸,看:我们的祖国是中国!"

"嗯,你指得很对!"

"咦,俄罗斯住咱们对门啊!"

"'对门'?!"

"那,俄罗斯是我们祖国的邻居呗?"

"……对,因为它是一个国家,所以它是我们祖国的邻国。"

"明白了。"

"明白了?"

"嗯。"

生活中哪来的那么多新名词,哪来的那么多复杂问题?简单些不是更好吗。有人喜欢把简单问题复杂化,把有些常理弄得玄而又玄,似乎不修行个几十年,就没有资格触碰的样子,进而将自己塑造成"大师"。

当然,真正的"大师"中也有不情愿才如此作为的,因为总有那样的一群人,你若是不讲出个新鲜色彩,就是你没水平。但你若能"旧词"翻新,甚至加些玄幻,就成了高手,进而受到推崇。

我是主张将复杂问题简单化的。并不是因为我懒惰,喜欢轻松,虽然我很懒惰。

我理解的"将复杂问题简单化"不是简单的"减法",而是突出重点,进而再规范化的过程。这要求目标明确,抓住关键,去除无关痛痒的细枝末节。说明问题时力求做到生活化、平常化,用

"熟悉的"去理解"陌生的",用"具体的"阐释"抽象的"。最后在突出重点的基础上,条理清晰地摆正先后次序,层层深入地推进……

妞妞同学的"离婚""邻居"之说,自然算不得真正的"删繁就简",但却让我觉得很有趣味,思想一放飞,竟脑洞大开,想到了这些歪理。

事物发展的趋势本来就是从低级到高级、从简单到复杂的,我只是希望人的思想能单纯些,找到让生活更简单的方法。

当然,从想法到行动不会是一帆风顺的。

④ 蚊子真笨

"妞妞,睡觉了,怎么还穿这么厚的裤子?"

"爸爸,我怕蚊子咬我!"

"冬天了,没蚊子了!"

"为什么啊?"

"因为冬天太冷了,蚊子都冻死了……"

"蚊子真笨,怎么不知道多穿点儿!"

"?!"

妞妞一边说着,一边很自然地将被盖得更严实了些……

《美丽的四季》

老女人

　　无意中听到妞妞用"老女人"来称呼一位与我年龄相仿的同事，我当时很是生气，后来想想她应该是无意中听到了这个词，并不晓得"老女人"的多重含义，只从"老"和"女人"表面理解，就想当然地乱用了。

　　"妞妞，你以后可不能随便管别人叫'老女人'，听见了吗?"

　　"爸爸，我不是女人吗?"

　　"你是女生。因为你年龄小，所以大人们都管你叫'小女孩儿''小姑娘'……"

　　"那，XXX阿姨比我老，不就是'老女孩儿''老姑娘'了吗?"

　　"……阿姨都希望自己越来越年轻，所以都不喜欢别人说自己

'老'，叫'阿姨'就可以了。"

"那我也管姥姥叫'阿姨'吧。"

"妞妞——'姥姥'是特定称谓，只有妈妈的妈妈才能叫'姥姥'，这是身份，是……"

"是什么？"

"总之，叫阿姨就差辈儿了……"

"差辈儿！'差辈儿'是什么意思？"

"'差辈儿'就是——本来她是'姥姥辈儿'的人，你就不能管她叫'阿姨'，不能管'爸爸辈儿'的叔叔叫'哥哥'……"

"爸爸，你上次怎么还跟一个挺大岁数的人叫'X哥'呢?！"

"嗯，爸爸有点儿头晕，想歇会儿……"

生活中，谁都不该乱用词汇，否则将招致不满。

"老女人"的说法为什么会难听，无法令"资深美女"们接受，而"老男人"们的反对声会小一些? 大概是 "老"字多形容岁月久远，而"好男人""好女人"各有评分标准。"成熟" "稳重"等多是用于评价男士的， "老"虽不是最恰当的词语，但也不是完全不搭边儿。女士们大多希望"青春常驻"，从这一点上看，"老女人"简直是对女性魅力的彻底否定！所以，坚决不接受。不知何时，社会上出现了一个特殊的女性群体，叫"女汉子"。那么"女汉子"是否会接受"老女人"这样的评价呢? 当然也不会，毕竟"女汉子"也是女人。

我觉得，生活中女人要像女人，男人要像男人。"女汉子"是何种情况?

我猜想，"女汉子"是在生活中较多地给予爱，但缺少"爱"的一方。既然女汉子那里有温暖的港湾，身边的男人可能就会慢慢变得温柔，温顺地依偎在女强人坚强的臂弯里，变成了"男娇娃"。这样，女汉子们就越来越无法体验来自男性的温柔的呵护，而变得更加爷们起来。

这样的画面最好少一点，人不只是要活成自己，还要活成应该的样子。

当今社会的"爱"与"被爱"似乎是畸形的，例如，有些女人活成了"主人"，有些女人活成了"宠物"。活成"主人"的女人对待男友如同使唤奴隶，一方面掌握家中财政大权，一方面掌握家中大事小情的最终决定权。男友则被要求随时接受召唤，稍有迟疑，便大声斥责，鬼哭狼嚎一番，全然成了家庭里的"统治阶级"。活成"宠物"的女人一般只负责貌美如花，然后衣来伸手，饭来张口，嗲声嗲气地生活在漂亮服装和精美礼物当中。

"霸道的主人"和"美丽的宠物"都不乏其人，既然存在，那必然也有它存在的道理，我自然也不能随口否定人家。

我只是希望：人不只是要活成自己，还要活成应该的样子。

妞妞的美术作品《表情包》

养小兔子

"呜呜……爸爸，给我买只小兔子吧……"

"怎么了妞妞？"

"XXX有一只小兔子，特别可爱，我想摸一下，她就不让我摸……"

"不让摸，咱就不摸了。改天爸爸也送给你一只可爱的小动物，好吗……"

"不行，我就要小兔子。XXX有小兔子，大家都和她玩，我就要小兔子……"

"好吧，就养小兔子。你先去把脸洗干净，一会儿吃水果，好吗……"

妞妞必须要养小兔子的心情，我的理解是：她想用"我也有小兔子"来治疗心理上的"不舒服"，应该也有借此"广交朋友"的

打算。我决定顺着她的心思走走看。

此时，我想起曾经送给一个心情有点儿失落的朋友的一句话：

"有人曾问我，你因为身高自卑过吗？我说记事起就没有过，他不信。我解释说，第一，生活不是身高比赛，幸福指数与把握幸福的能力更相关些；第二，自卑的人是心理弱小，而不是身材矮小。而我，身体里住着一个巨人！"

我希望妞妞的内心也住着一个"巨人"。

当然，她还要学会做一个幸福的"小女人"。

与夏天对话

运动健将

在爷爷家，
妞妞活泼好动。
爷爷问妞妞，
"你跑步咋样啊？"
　　"我跑第四！"
　　"不错啊，
比你爸爸强！"

我心想，虽然只是小学，但还是可以的。不过，运动基因难道是隔代遗传的？

"你是全校第四吗？"我甚至期待他们是不是男女一起跑的。

"不是，我们是一个班跑的——"

"哦，全班第四！"

"我们班级分成好多小组，一组五个人……"

"你是说，五个人中……"

"我跑第四！"

"哦！"

在孩子心中没有"必须跑第一""拿名次"等思想的羁绊，只是陈述事实。她没觉得"跑第四"有什么好，或者有什么不好，那就是事实，"我跑了，挺开心的。"我这个当爸爸的就想得比较多，似乎只有"拿第一"才是值得高兴的事儿。想想小时候，我大概也是很快乐的吧，为什么现在的我反而少了笑容？也许，是在乎了不该在乎的东西吧。

曾看到一句话，很不错：

简单地做人，踏实地做事，不沉溺幻想，不庸人自扰。

要快乐、开朗、坚韧、温暖、真诚、慷慨、宽容、平常心。

多看书，看好书。

少吃点，吃好点。

多一些体育锻炼，少一些思想纠缠。

要有梦想，即使遥远。

对生活永远充满希望。

始终保持微笑！

"爸爸，我们又跑步了，这次我是第一名。"

"是嘛，你真棒，你们还是5个人一起跑的吗？"

"嗯，但这次有男生跟我们一起跑。"

"这次怎么男女生一起跑了呢？"

"老师让一起跑的。我和XXX都不想输给男生，然后我们俩就使劲儿跑，结果我跑第一名。"

"跑第一高兴吗？"

"高兴啊！"

高兴就好。

志向远大

"爸爸，'志向远大'是什么意思？"

"……就是立志将来要做成一件对很多人有积极且长远影响的事情，这件事儿做起来很困难，要用很长的时间来完成——"

"(你说的) 太多了，听不懂。"

"简单说，妞妞喜欢做什么？"

"吃好吃的。"

"除了吃——"

"玩儿游戏，说说话。"

"……不是这些，除了这些以外的——"

"画画。"

"就说画画吧……妞妞要立志成为世界上最了不起的、最受人尊敬的大画家，这就可以说是'志向远大'。"

"'画家'是什么？"

"'画家'就是画画很好的人啊。"

"可我只想画画，不想当'画家'。"

"'画家'不就是画画的

嘛。"

　　"那为什么不叫（他们）'画画的'。"

　　"……应该是'画家'这个称谓更能突出这些人在绘画方面的成就和贡献吧。"

　　"我画画很高兴，没想……不知道你说的什么意思。"

　　"你什么都不用想，只要你喜欢，也愿意努力，将来会成为'画家'的！"

　　"我不想成为'画家'，就是想画画。"

　　"好，你高兴就好。"

　　"……爸爸，我的志向是不是不远大啊？"

　　不，你的志向很"远大"，很了不起。爸爸也希望你能成为世界上最高兴的人，不为名利，能开心做喜欢的事情就好。

《美人鱼》

卖 画

"爸爸，咱们家什么时候换房子啊？"

"为什么这么问，你不喜欢咱们现在的房子吗？"

"不是，高兴家住在一楼（'高兴'是妞妞的好朋友），他们家还有个小院子，院子里能放好多玩具，可好玩儿了。"

"是吗？你到他们家做客了？"

"嗯，咱们家当初怎么不买一楼啊？"

"当时就只有这种'六带七'的房子了，没有一楼了。"

"要是有一楼就好了。高兴（的爸爸、妈妈）就买了一楼，她（的爸爸、妈妈）可高兴了，所以，她的名字就叫'高兴'。"

"啊，是这样的吗？"

"是啊，高兴告诉我的。"

"哦，以后咱们也买一楼。可那得需要很多钱啊。"

"我到时候去卖画吧，姥姥说我将来当画家，画的画能值很多钱呢！"

"都来买画了，都来买画了，著名画家——妞妞 8 岁时的画作。"

"多少钱啊？"

"100 万！哈哈哈……"

"啊，这么贵啊！"

"不贵了，这么好的画，你不买就让别人买走了。"

"哈哈哈……"

"快来看啊，这里还有妞妞大师的另一幅作品——"

"爸爸，咱们的全家福可不能卖啊！"

妞妞的写生作品《无题》（我喜欢她画的牛）

"不卖全家福。"

"这还差不多。"

"妞妞，要是有人用一栋带一楼的房子跟你换，你换吗？"

"不换，5层别墅都不换！"

"好！"

其实妞妞当时并不知道"100万"是多少钱，但能感觉到"100万"一定很多。

家不是房子。房子只是人居住的场所，它可以是砖瓦结构的，可以是木质结构的，也有草坯搭建的，因为有人与人的亲情在，它才会有千金不换的意义。

"但如果我们王老师喜欢，我可以免费送给他。就怕他不喜欢！"

"王老师"是妞妞小学班主任，妞妞从一入学就喜欢上了这位帅气的王老师，这不，还指着自己最得意的画作——《全家福》说要送给他。

"王老师也许会喜欢你的画，但他肯定不会收下咱们的《全家福》。"

 与夏天对话

"哦，那我就给他画个别的。"

"好。"

情意与情谊无高低之分，但却需要适宜的土壤。

一幅饱含情意的画作在金钱面前高昂着头，却可能在另一份情谊面前选择"谦卑"。

《昨天记》

"爸爸，我想看《昨天记》。"

"《昨天记》？"

"嗯！"

"为什么看这个（电视剧）？"

"里面有鹿晗啊。"

"你喜欢鹿晗？"

"其实我喜欢 Angelababy，可我的同学好多都喜欢鹿晗，所以我也想看。"

"好吧。"

我上网搜索了一下关于《昨天记》的相关信息，发现是《择天记》，估计是妞妞听来的，却"耳误"，把"择天"听成了"昨天"。

"你想看第几集啊?"

"这不是《昨天记》啊!"

"没有《昨天记》，鹿晗演的电视剧就叫《择天记》。"

"哦!"

"你要看哪一集啊?"

"哪一集里有鹿晗啊?"

"爸爸没看过，不知道啊。但主演应该哪一集里都会出场吧。"

"那我就从第一集开始看吧。"

"妞妞会不会看起来就没完没了!"我开始担心起来。还好，鹿晗在妞妞眼里远不及动画片好看，所以只看了一集就不再继续了。

手指陀螺

"爸爸，给我买一个手指陀螺！"

"手指陀螺？"

"就是在手指上能转动的那种陀螺！"

"爸爸没见过，它能做什么？"

"能转呗！"

"啊，能转动的玩具。"

"你给我买一个！"

"为什么要给你买一个啊？"

"别的小朋友都有了！"

"别人有的，你就必须要得到吗？我就得必须给你买吗？"

"你为什么不给我买啊！"

"好，爸爸告诉你：首先，你没有提出给你需要买手指陀螺的正确理由；其次，你提出购买玩具的态度非常不好，你是在'要求'爸爸，而不是'请求'！你若真想拥有自己喜欢的玩具，那就必须学会与人沟通。"

"那我要怎么沟通啊？"

"首先，你要学会用能让别人高兴的方式和语气说话。"

"嗯——爸爸，你能给我买一个手指陀螺吗？"

"好多了，你得学会用礼貌用语啊！"

"爸爸，你能给我买一个手指陀螺吗？谢谢！"

"爸爸还没答应呢，你就谢谢啊！"

"你不是说要礼貌嘛！"

"好、好、好！可你还得告诉我必须买它的理由啊。"

"我想要！"

"'想要'是一个结论性的理由，你列举一个直观的，或情感化的理由。"

"不懂！"

"比如说，它很好看，很好玩儿，我的好朋友也特别喜欢，我想买一个跟她一起玩儿，等等。"

"哦！"

"当然，你要是能列举出玩儿这个玩具的好处就更好了。"

"开心！"

"不对，你不能只想到开心。爸爸虽然不知道手指陀螺是什么样子的，但我估计，它是能锻炼小朋友动手能力和平衡能力的玩具。"

"我同学能把它放在手上来回移动！"

"是放在手指头上吧？"

"对啊，就是放在手指头上！"

"好，现在把你的理由梳理一下，再跟我讲一遍。"

"爸爸，我想出去玩儿会。"

"……"

　　这次对话中的爸爸真是够讨厌的，不就是买一个玩具嘛，弄得跟年终考核似的。而且，妞妞小朋友已经做得越来越好了，爸爸却不懂得表扬和欣赏，只一味地提出更高，甚至不切实际的要求。该批评！

　　"爸爸"事后不仅买了玩具，还做了郑重"道歉"。"爸爸"的做法失当，需要改正，却也算事出有因。

　　背景是：有一段时间，妞妞心情不好或受了委屈时，往往会大哭，或者大喊着索要自己平时得不到的小礼物。对于她的这种发泄方式，我起先是不在意的，可是后来竟发展成一种"习惯"，好像她生气了就必须由身边的亲人来"买单"。就像一株渴望被拥抱的仙人掌，一面极度渴望爱的滋润，一面浑身是刺儿。

　　我极力反对女儿以"仙人掌"的方式成长，因为一旦长成，她身边的亲人、朋友会很"痛"。我曾看过一幅漫画：一株仙人掌与一个气球相恋了，气球被扎的浑身是伤，打了补丁后继续和仙人掌交往。漫画中的仙人掌望着气球很开心，气球似乎也不太在意曾经被刺穿过身体。但它们能在一起多久呢？

　　妞妞是个温柔的女孩，当发生不愉快时感到委屈，不善表达的她往往把情绪发泄到自认为"安全"的人或地方，这样不但没有解决问题，却又"伤"了亲人。

　　家人更是需要彼此爱护的，哪怕再有个性的人，在家里也应是先爱人，后爱己。就像浑身是刺儿的刺猬对待伴侣：把刺朝向外边，而彼此温柔相对。

爸爸的大鼻孔

　　因为我得了鼻炎，呼吸总是不很顺畅，这也使妞妞对我的鼻孔产生了浓厚的兴趣。

　　"爸爸，你的鼻孔有多大?"

　　"鼻孔多大?"

　　"对啊，就是你的这个!"说着，她指了指自己的鼻孔。

　　"爸爸的鼻孔大得很，大到能容万物之灵!"

　　"啊?!"

　　"啊什么啊，鼻孔吸万物精华，嗅人间百味，你说它大不大?"

　　"大! 那你的'鸭子嘴'有多大?"

　　"'鸭子嘴'?"

　　"你把嘴撅起来就像是鸭子的嘴巴一样，不就是'鸭子嘴'

嘛!"

"那你是'乌鸦嘴'!"

"乌鸦的嘴也比你的嘴好看。快张开你的'鸭子嘴',让我看看有多大!"

"这个'鸭子嘴'可厉害了,口若悬河,气吞天下!"

"你是古人啊,怎么竟说这样的话!"

"非也非也,爸爸只是有感而发。"

"那你的鼻孔和嘴巴也没我的大!"

"小朋友,这又何以见得呢?"

"因为你的鼻孔不通气儿,我的通气儿啊!"

"!"

好吧,你赢了!

望远镜

"爸爸，给你看看我刚才画的画。"

"妞妞，你画的是美少女战士？"

"嗯，我还'改编'了一下。"

"你根据动画片的故事情节，又加上了自己的想法？"

"对啊。"

"这是美少女战士的武器吗？"我指着图画旁边的手工作品问道。

"不是啦，这是我做的望远镜。"

"哦？"

"你从这边看，就很亮。但你要是从另一边看，就很暗，看不清。"

"是不是因为你在筒上开的小孔大小不同啊？"

"不知道，而且我还不知道为什么从这个望远镜里看到的东西，不是变大，而是变小了。"

"那是因为你这里没有放镜片。"

"为什么要放镜片呢？"

《小女孩》

"这涉及物理学原理——"

"爸爸，你怎么不说了？"

"你太小，爸爸又太笨，不知道该怎么说。"

"没关系的，下次努力吧！"

"！"

好的，从现在开始我要努力学习，认真研究，争取做一个天天向上的好爸爸。

妞妞喜欢有自己想法的设计，就算是已经非常经典的形象，她也要再创作一番。我希望她能把这种想法和行动一直保持下去！

孩子在创造这件事情上是胜过成年人的，我有时就会找各种借口安于现状。此时不自觉地想到陶行知先生的《创造宣言》，重温一下其中的几段文字。

有人说：环境太平凡了，不能创造。平凡无过于一张白纸，八大山人挥毫画他几笔，便成为一幅名贵的杰作。平凡也无过于一块石头，到了米开朗琪罗的手里可以成为不朽的塑像。

有人说：生活太单调了，不能创造。单调无过于坐监牢，但是就在监牢中，产生了正气歌，产生了苏联的国歌，产生了尼赫鲁自传。单调又无过于沙漠了，而雷塞布（Lesseps）竟能在沙漠中造成苏伊士运河，把地中海与红海贯通起来。单调又无过于开肉包铺子，而竟在这里面，产生了平凡而伟大的平老静。

可见平凡单调，只是懒惰者之遁词。既已不平凡不单调了，又何须乎创造。我们是要在平凡上造出不平凡；在单调上造出不单调。

有人说：年纪太小，不能创造，见着幼年研究生之名而哈哈大笑。但是当你把莫扎特、爱迪生及冲破父亲数学层层封锁之帕斯加尔（Pascal）的幼年研究生活翻给他看，他又只好哑口无言了。

有人说：我是太无能了，不能创造，但是鲁钝的曾参传了孔子的道统。不识字的慧能，传了黄梅的教义。慧能说："下下人有上上智。"我们岂可以自暴自弃呀！可见，无能也是借口。蚕吃桑叶，尚能吐丝，难道我们天天吃米饭，除造粪之外，便一无贡献吗？

有人说，山穷水尽，走投无路，陷入绝境，等死而已，不能创造。但是遭遇八十一难之玄奘，毕竟取得佛经；粮水断绝，众叛亲离之哥伦布，毕竟发现了美洲；冻饿病三重压迫下之莫扎特，毕竟写出了安魂曲。绝望是懦夫的幻想。歌德说：没有勇气一切都完。是的，生路是要勇气探出来，走出来，造出来的。这只是一半真理；当英雄无用武之地，他除了大无畏之斧，还得有智慧之剑，金刚之信念与意志，才能开出一条生路。古语说，穷则变，变则通，要有智慧才知道怎样变得通，要有大无畏之精神及金刚之信念与意志才变得过来。

所以：处处是创造之地，天天是创造之时，人人是创造之人，让我们至少走两步退一步，向着创造之路迈进吧。

不 同

2017 年的暑假，陪妞妞去西双版纳看小象"洋妞"。关于"洋妞"的故事，后面会给大家介绍。一到西双版纳，妞妞就显得很兴奋，因为我们住的地方名叫"小象客栈"，门口还有三只小象的雕塑。进了房间以后还有惊喜，房间是带阁楼的家庭房，妞妞很喜欢爬楼梯，所以刚一进屋，她就马上换了鞋子跑到楼上去玩儿了。

我小的时候也喜欢爬楼梯，这大概是因为小时候生活在农村的缘故。楼房本身对我来说就是新鲜事物，爬楼梯又意味着能站得高些，望得远些。爬上楼梯，自己好像也变得高大了些。妞妞为什么也喜欢爬楼梯？

"妞妞，你为什么这么喜欢爬楼梯啊？"

"因为，不一样啊。"

"？"

"就是楼下和楼上总会不一样啊！"

"你是说，楼上往往会带给你一些不一样的惊喜，是吗？"

"嗯！还有，捉迷藏的时候地方大，我想单独待着的时候方便啊。"

"你有这么多复杂的想法?!"

"啥想法啊？"

"你刚才说的（话）就挺复杂。"

"复杂？就是想怎么玩儿都行。"

高手，概括能力好强！

妞妞喜欢爬楼梯的理由同我不太一样，这大概与生活环境和追求有关。

"妞妞，准备一下明天要穿的衣服。"

"好。爸爸，明天我想穿这个。"

"明天热，穿个凉快点的吧。"

"凉快的那件衣服不好看。"

"但明天太热了，穿长袖衣服，容易中暑，以后给你买好看的短袖。"

"可我还是想穿这件！"

……

我觉得男士对于新衣服、漂亮衣服的向往同女士们应当是一样的。至少现在的我不想穿得太难看，当然，可能会由于自身审美水平、颜值等问题，确实穿出了"难看"的效果，但请相信，我之前肯定是尽力臭美了。

关于穿新衣服、新鞋的事情，我与妞妞确有不同。

就现在的我而言，若是买了新衣服、新鞋，总要准备一番才会把它们穿上。比如，穿新鞋要配上新袜子，穿新衣之前总要郑重其事地洗个头、洗个澡，不然好像对不起这新鞋、新衣服。妞妞就不

一样了，一旦发现新衣服、新鞋子什么的，恨不得马上穿在身上，生怕下一秒这宝贝就不属于自己了。

妞妞与我之间的"不同"是多种原因造成的，时间上的原因就交给时间去解决吧，我不能擅自"夺了"时间，让孩子失了快乐。喜欢"爬楼梯"的理由，也没有谁对谁错，所以"喜欢"才是应被关注的点。

我是开心的我，妞妞是快乐的妞妞。

为什么叫"宝"呢

"爸爸，你的'yàn'是火焰的'焰'吗？"

"不是，是'彦'。"

"为什么是这个'彦'啊？"

"不为什么，当初你大爷爷给孩子起名字时，中间字取了这个'彦'字，所以后来你爷爷就给你大爷和我也都按'彦'取名了。"

"那你为什么叫'宝'呢？"

"我哥哥刚出生的时候，你爷爷希望再生一个孩子，所以起名叫'彦双'。等到我出生的时候，大概你爷爷希望我能成才，是块'宝'吧！"

"那会不会是这样，爷爷觉得你是他的小宝宝，才给你的名字叫'宝'呢？"

"有可能啊！"

"——啊！"

当时还算"安静"的环境下，妞妞突然用

很大声叫了一下。

"你干吗?!"

我以为她受伤了,有些担心,更有些疑惑。

"你刚才害怕了吗?"

妞妞却充满期待地凝视着我。

"你突然大喊,吓了我一跳!"

"那你应该说'吓死本宝宝了!'"

孩子的想法怎么会这么有趣儿,可笑死本宝宝了!

子随父姓

"爸爸，我为什么姓张啊？"

"因为爸爸姓张啊。"

"爸爸姓张，我就姓张啊！"

"对啊，'子随父姓'。你看，爷爷姓张，爸爸跟着姓张，你也就随着爸爸姓张了。"

"将来我有小宝宝了，也姓张吗？"

"不一定，'子随父姓'，你将来是'妈妈'，不是爸爸。"

"我有个同学怎么跟妈妈一样的姓呢？"

"也有一些人是'子随母姓'的——"

"爸爸，你说'子随父姓'，可我是女的啊！"

"！"

　　中国的姓氏文化源远流长，历史上由最初的氏族部落至今，出现过 20000 多个姓氏，称之为"盛氏中华"。而每一个姓氏宗族始终有一个"根"联系着彼此，它就是血缘关系。这是一种剪不断的情思，也是亲疏观念的体现，在潜意识中，人们唤起对寻根的需求，渴望与族人紧紧相连。现实生活中的"家谱""祭祖""春运""父母在，人生尚有来处……"等现象，多少都有着人们"寻根"的影子。

　　再说回"子随父姓"。人们"寻根"多是"问祖"，但"根"是从父，还是从母呢？我认为是"先从母，后从父"，毕竟"子随父姓"是伴随私有制产生而出现的，是母系社会走向父系社会的必然产物。通过几千年的繁衍生息，这一传统观念在人们的心目中已经根深蒂固，形成了带有普遍性的民间习俗，并且构成传统文化的重要内容。科学研究表明，人类的遗传基因主要与父亲有关，孩子随父亲姓，这与血统、血脉也是一脉相承的。随意改变姓氏，会增加近亲结婚的风险，而且姓氏随母后，家谱无疑就会失传。当然，不少人认为，只有生男孩才能传宗接代，而生女儿则是"绝后"。这一错误观念的存在和流行，造成了很大的负面影响。

　　我家虽然没有家谱，但"子随父姓"的传统还是坚持的。当然，我的家族也不存在重男轻女或必须后继有人的陈腐观念。所以，请妞妞小朋友尽可放心，你永远是张氏家族的宝贝。

一儿半女

晚饭吃得太饱，看着圆滚滚的肚子，感觉自己像一个孕妇。妞妞拍拍我的肚子，一脸坏笑。

"爸爸，你要生小宝宝啊！"

"是啊，爸爸要生小宝宝了。"

"你是不是想再生一个男孩儿？"

"嗯，再生一个男孩挺好，有儿有女！"

"那我就有一个弟弟或者半个妹妹了。"

"这什么话，怎么还'半个妹妹'？"

"不是说'一儿半女'嘛！"

"一儿半女？"

"就是一个儿子等于半个女儿啊。"

"头一回听说'一儿半女'是这个意思！"

"爸爸，犀牛和斑马在一起会生小宝宝吗？"

"不会，都不是一个品种，不能生。"

"那驴和马不就生了骡子吗?!"

"可能是基因非常接近吧。"

"什么是'基因'?"

"爸爸也说不清楚。"

"那犀牛和斑马基因不相近吗?"

"从外形上看，应该差别很大吧。"

"要是相近就好了。"

"相近怎么了?"

"它们就能生一个鼻子上长角的斑马了!"

呵呵，你的思维很跳跃，很有想象力。

妞妞的图画总是不拘一格，这与她小脑袋瓜里的奇异思考密切相关。她曾画过在天空飞翔的鱼儿，也曾画过"鹿鸟"。（"鹿鸟"是有着鹿的四肢、鸟的嘴巴和翅膀的奇异生物。）这个爱想敢想的小朋友已经不止一次地想象着我要生宝宝的事情了，万一哪天我生宝宝的情形出现在她的图画里，可就尴尬了。

我得减肥!

《超人》

爸爸很笨

"爸爸，你小时候都看什么动画片?"

"《猫和老鼠》《葫芦娃》《舒克和贝塔》……"

"这些我都看过，你看过《成龙历险记》吗?"

"没有，那时候还没拍这个动画片呢。"

"《小马宝莉》呢?"

"也没有。"

"爸爸，你最喜欢看什么动画片啊?"

"当时动画片少，只要是动画片，爸爸都喜欢看。"

"那你都什么时候看啊?"

"每天大概晚上六点半开始演，我之前必须吃完饭，不然你奶奶不让我们看。"

"六点半就开始看了，那得看多少集啊!"

"每天只演一集，所以就只能看一集。"

"哦，你是在电视上看的，我是在电脑上看的，想看几集看几集。"

"那可不行，你要爱护眼睛，然后还得学习呢！"

"你小时候不也看了吗？"

"但是爸爸每天只看一集，而且作业完成得非常好。"

"我作业也完成了啊！"

"好吧，你也是。但每天不能看太长时间！"

"爸爸，你除了看动画片还喜欢玩儿什么啊？"

"下象棋。"

"那你哥哥呢？"

"他喜欢做手工。"

"做手工，我也喜欢！他做得好吗？"

"没妞妞做得好。"

"爸爸，咱们现在就做个'美少女战士'的手工吧！"

"爸爸没看过《美少女战士》啊！"

"我教你啊！"

"这，爸爸很笨的。"

"我知道。没事儿的，我教你。"

你知道爸爸很笨？

哼，你是不是知道得太多了！

问题真多

"爸爸，太阳下山以后，你知道云彩去哪里了吗?"

"就在天上，因为没有光，所以看不见它们。"

"不对。它们喜欢太阳，太阳下山了，它们去找太阳玩了，没回来呢!"

"是吗?"

"肯定是!"

"那月亮怎么白天不出来，晚上出来?"

"它在和太阳捉迷藏，太阳藏起来了，月亮找不到它。"

"那晚上的时候，那么多星星干什么呢?"

"它们在说说话呢呗!"

"那你知不知道它们说什么呢?"

"你问题可真多啊!"

哈哈，好像是啊!

95

语文好还是数学好

"爸爸，你数学好还是语文好？"

"数学。"

"跟我一样。"

"是吗，四乘以七等于多少？"

"21，不对！好像是28。"

"爸爸小时候，乘法口诀可从来都没背错过。"

"我错过，这是不是说我语文比数学好？"

"这说明你语文和数学都要努力！"

"噢，那我到底是数学好，还是语文好？"

妞妞很聪明，可是目前对于学习这件事，她总是不够用心，也不够细心。表现在：它可以计算很难的题，但往往简单的算术会出错。这也怪不得孩子，主要是我平时没有注意帮她养成好的学习习惯。

替补 OR 主角

妞妞拿我的手机看照片。

"爸爸，你这是在干什么啊？"

"爸爸在和学生打篮球。"

"怎么没看到篮球呢？"

"这张相片里没有。"

"那你怎么不拿着篮球照呢？"

"这是别人抓拍的，当时篮球不在爸爸手里。"

"不在你这儿，你咋打球啊？"

"打篮球要讲究配合，不能总想着自己多拿球。"

"不懂……这张你怎么又拿篮球了呢？"

"这时候，爸爸恰好在适合进攻的位置，别人就把篮球传给爸爸了呗。"

"还是不懂。怎么就这么几张啊？"

"爸爸是替补队员，就上场一小会儿。"

"什么是替补队员？"

"就像……你幼儿园放学时，爸爸临时有事情不能去接你了，

电话通知姥姥、姥爷来接你一样，姥姥、姥爷就是爸爸的替补。篮球比赛虽然只有五个人能同时上场比赛，但比赛运动量大，需要不停地换队员上场。所以篮球比赛除了有主力队员，还要有像姥姥、姥爷那样的接替上场的队员。"

"爸爸——是不是就是别人有事儿了，你替他们（上场打球）啊？"

"……对。"

"你喜欢打篮球吗？"

"喜欢。"

"那你怎么不多打一会儿呢，干吗要等到别人累了再替他们呢？"

"不是说了嘛，爸爸是替补队员，能长时间上场打球的都是主力队员。"

"那你为什么不当主力队员呢？"

"爸爸的身高和技术都没有什么优势，不利于比赛得分……"

"替补多没意思啊，那就换别的（游戏）玩儿呗！"

孩子，你可知道，爸爸虽然只是篮球比赛的替补队员，但我更是自己生活的主角啊。

在自己喜欢的事情上，我会不辞辛苦的付出，哪怕上场只有1分钟，我都会尽力做到自

《鹿与花》

己的最好。在只是板凳队员的时候，我会努力练习，不然的话，"大家凭什么信任你在场上，你又靠什么在比赛中立足？"

想起前段时间与某班学生打师生对抗赛，我难得地成为首发队员。在这场比赛中我得到了全场最高分——20 分，这可是我篮球生涯的最高分。这必然与对手的技能水平有关，与我的队友的密切配合有关，更与我的始终坚持有关。

我相信，在认为"没意思"的人的身上，是不会发生奇迹的。

当然，更多的时候我还是那个板凳队员，但那又如何？

记得，二十几年前，我报名参加了校运动会 3000 米比赛，当时的我身体很弱，跑了全校倒数第五名。很多人说你再跑快一点儿，就能取上名次了，怎么不加把劲儿……其实当初的我刚刚从瘫痪的病床上爬起来没多久。

我能跑下 3000 米，就是我的奇迹！我给自己打 100 分。

我不想因为别人的期望自责，更不想因为仅差那几秒钟而懊悔，因为，我已经做到了自己能做到的最好。

我更不想为超越了那最后的几名同学而窃喜，因为我相信，他们能跑到最后，也是同我一样，尽了最大的努力！

球场的替补，却是自己生命的主角。

做最努力的自己吧！

健　身

"爸爸，你在干什么呢？"

"爸爸在健身。"

"健身是什么？"

"简单地说，爸爸现在有点儿胖，想瘦下来。"

"噢。"

"爸爸争取练出八块腹肌！"

"八块腹肌是什么？"

"就是肚子上有八小块肌肉——"

"吃鸡肉啊！"

"不是吃的鸡肉，是……八块

肚皮。"

"天啊，那你得多能吃啊！"

"！"

"爸爸，你现在有几块肚皮？"

"一块。"

"你过几天是不是就变成两块

了？"

"爸爸努力！"

"那多难看啊，会不会像屁

股。"

"！"

不练了，一块肚皮挺好！

"胖"妞妞

"爸爸，你小的时候是比我瘦还是比我胖？"

"比你胖一点儿吧。"

"你都哪里胖啊？"

"腿和肚子都很胖。"

"那，你哥哥是比你胖还是比你瘦啊？"

"他比我瘦一些。"

"那他有没有嫌弃你啊？"

"不会啊，只要不是超级胖，大家喜欢胖乎乎的小朋友。"

"那你小时候有粉丝吗？"

"有！"

"爸爸从小就有两个超级'粉丝'！"

"是谁啊？"

"你爷爷和你奶奶啊！"

"除了她们呢?"

"好像就没有了。"

"是不是因为你胖?"

"你怎么这么介意'胖'的事情呢?"

"因为我胖啊,我的好朋友都可瘦了!"

"你哪里胖了!她们太瘦可能是挑食导致的,你怎么不跟她们比比个头?"

"可是,我的一个好朋友的个子也比我高啊!"

"都比你高吗?"

"不是。蒙蒙比我高,我的额头正好到她门牙的位置。"

"你们比过身高了?"

"没有刻意比,是有一次我们往一块跑,她以为我跑这边,她就跑那边,结果我也跟她跑了同一边——"

"结果你们撞到了一起?"

"嗯!我的额头正好磕到她的门牙上了——"

"你额头上磕出一个牙印儿?"

"你怎么知道?"

"你就因此判断:你的额头正好到蒙蒙的门牙的位置,对吗?"

"嗯,她也比我瘦!"

"你努力长个儿,等你长得跟她一样高,你也就瘦下来了!"

"那些没有我高,还比我瘦的(是怎么回事儿)呢?"

"!"

"鬼子"

"爸爸，你在看电脑啊。"

"是啊，爸爸在看电影。"

"什么电影，我也要看！"

"你还小，不能看。这是一个恐怖电影！"

"怎么恐怖了？"

"它演的是一个鬼怪的故事。"

"日本人啊？"

"日本人？"

"你不是说'鬼'吗？"

"对，但'鬼'和'日本鬼子'不是一回事儿。"

"那'鬼子'是日本人呗？"

"多数指的是侵略我国的日本人，他们又被叫作'东洋鬼子'，

103

除此之外，还有欧洲来的'西洋鬼子'。"

"那'鬼'是他们死后变的吗？"

"'鬼'是人们编出来的，哪个国家都有。他们长相很吓人，是从地狱出来可能害人的死人。"

"听起来好可怕啊！"

"所以，你现在不能看。等你长大了才能看。"

"长大了，我也不看吓唬人的电影。"

"好。"

"但你说的'鬼'，我怎么感觉就是'日本人'呢！"

不知道什么时候，妞妞听说了"鬼子"这个词，而且直接把它对号入座成了"日本人"。当年的"鬼子"确实犹如魔鬼在世，犯下滔天罪行，后世的日本政府拒不道歉不说，还企图篡改历史，掩盖罪行。妞妞疾恶如仇，痛恨鬼子当年的罪恶行为，进而对日本人生了几分厌恶。但即便如此，不分青红皂白地把日本人都当成坏人就有点儿不理性了。有些日本人还是有良知的，最近日本动漫电影《哆啦A梦》就有一段视频是为日本的侵略行动失败而欢呼的镜头。希望越来越多的日本人能做出正确的选择，而不是被人当成"鬼"。

《黑夜里的城堡》

104

鹰 国

"姥姥怎么打拳这么久啊?"

"姥姥不是出去打拳,是去英国了。"

"鹰国啊。"

"对。"

"鹰国是不是好多鹰啊?"

"不是那样的……"

"那它为什么叫鹰国啊?"

"嗯……爸爸说错了,英国是有好多鹰……"

"爸爸,你会说鹰语吗?"

"……你,你说的是哪种英语(鹰语)?"

"就是老鹰的语言啊!"

"……爸爸不会!" (流泪 ing)

其实我是想坚持真理来着,生活和工作中我也是一个比较执着的人。可现在看来,有些时候不必执着,一是自己能力有限,达不到真正释疑解惑的水平,二是要看交流的对象。

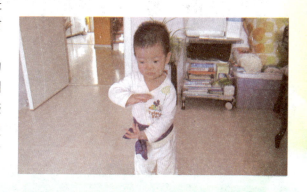

混血儿

妞妞在现实中第一次看到混血儿时非常好奇，甚至有些羡慕。

"爸爸，混血儿好看吗？"

"好看！"

"爸爸，当初妈妈要是不嫁给你，（而是）嫁给一个外国人，我是不是就变成混血儿了？"

"小傻瓜，那就没有你了！"

"不对，那就没有你了。"

"哦？！"

"你想啊，如果妈妈嫁给外国人了，你还来我们家干啥？"

"！"

你这是什么情况啊！为了"成为"混血儿，你不惜将你妈妈"改嫁"外国人，还将你爸爸赶出家门！

捡 猫

"爸爸!"

"哎! 什么事儿?"

"爸爸,你过来一下。"

"什么事儿啊?"

"你到走廊给我捡一只猫去呗!"

"到走廊捡猫?"

"对啊,小舅舅家的猫可好玩儿了。它就是小舅舅在走廊里捡到的。"

妞妞的小舅舅在大庆,前些天去大庆探亲,妞妞就住在他小舅舅家。家里的一只小猫成了妞妞最好的玩伴儿,妞妞也因此觉得大庆此行甚妙。关于小猫的来历,也确实如妞妞所言,是他小舅舅在

楼道里捡来的。小家伙当时饿坏了，妞妞的小舅舅便把它带回家，弄了些吃的，小心照顾了几天。期间，妞妞的小舅舅在楼道甚至整个小区里贴了广告，希望有丢失宠物的人来认领一下，结果很久也没人来，小猫最终也就变成了"小舅舅"家的一员。

"可并不是所有人都会那么残忍，把小动物随便丢弃啊。"

"你去看看不就知道了嘛！万一有人真的不要（小猫）了呢……"

"嗨，你想的倒是真美！万一别人家的大熊猫不要了，爸爸要不要捡啊？"

"真的，爸爸快去（别让别人抢了先）。"

"好，爸爸这就去，没准儿能捡到恐龙呢！"

"爸爸，你是不是傻了，恐龙不是早就灭绝了嘛。"

"是啊，爸爸好傻啊。"

我当然捡不到妞妞想要的小猫、熊猫等，但孩子都有美梦相伴。

我有时会想，为什么孩子的美好一直都在身边；而大人们的美好都在天边呢？

瘦　猴

刚与妞妞玩完"大灰狼和小白兔"的游戏，看快到饭时了，开始准备做晚餐。

"小白兔，晚上想吃什么？"

"爸爸，我想减肥，不吃了。"

"你……你这么小减什么肥啊，再说你哪里肥？活像个瘦猴。"

"是吗？"

"看，你浑身都没有多少肉。"

"爸爸，你有劲儿吗？"

"当然有劲儿了，不信你试试。"

"那，你把手抬起来……腿再蹲下去点儿。"

"为什么啊？"

"你快点儿做。"

"好吧，这样行吗？"我扮成大力士的样子蹲在了地上。

"别动啊！"说着，妞妞一跃而起蹦到我的身上，着实吓了我

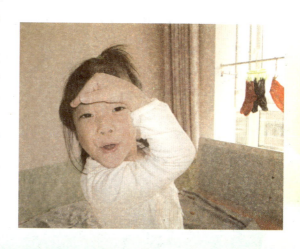

与夏天对话

一跳。

"你干什么?!"

"爸爸,你是树,我是小猴子,我在爬树呢。"

"你啥时候又变成猴子了?!"

"不是你说的我是瘦猴的吗?"

爸爸错了,以后不再随便给你起外号了。

狼和狗

"爸爸给我养一只狗吧。"

"为什么你总要养这养那的?"

"小狗能陪我玩儿,你又不陪我!"

"那爸爸陪你玩一会儿。"

"好啊,爸爸咱们玩'小狗狗捡骨头'的游戏吧。"

"不好,爸爸又不是狗。"

"那我当'小狗',你扔'骨头'。"

"也不好。"

"你刚才不还说陪我玩儿的吗?"

"那也不要扮狗啊!"

"你以前还扮大灰狼了呢。"

"它们不一样。"

"有啥不一样啊?"

　　狼和狗不一样的地方很多，如狼凶狠、狗忠诚……这好像说明狗更优秀，不是我"嫌弃"狗的理由。狼团结、狗护家，各有优缺点，也不能拿出来跟妞妞解释。其实，我在意的是它曾被用来侮辱人的经历。过去，狗的地位卑微，一些无理的人常用它来侮辱他人的处境，像条狗一样卑微。现在的狗可不一样，它们摇身一变，成了尊贵的宠物，有的还混成了家庭成员，不少老年人把心爱的小狗亲切地称为"儿子"。妞妞想的当然不是这些，在她眼里，狗狗是可爱的玩伴儿。这是最大的道理！

　　我最终还是成了妞妞的"宠物"。

　　"乖狗狗，把骨头捡回来……"

　　"汪……汪汪……汪"

　　"乖，我们去跑步吧。"

　　"汪……汪汪……"

　　"有坏人来了，去咬他！"

　　"汪汪……汪？"

　　"真笨，你就先把我当成坏人！"

　　"汪……汪汪……汪汪汪！"

　　"哎呀妈呀，太吓人了，停！"

　　"汪……汪汪……"

　　"坏人拿出枪，嘭！你受伤了……"

　　"汪啊……汪啊……汪……"

《小狐狸》

　　"看你这么可怜，赏你一块巧克力吧……"

　　"呼哧……呼哧"

　　"你把我最后一块巧克力吃了，现在去给我买好吃的。"

　　"嗯？"

　　"快去！"

　　机灵鬼儿，坏妞妞，汪汪！

斑　马

妞妞喜欢玩水，但洗澡却很少主动，除非出现"斑马奇观"。

"爸爸，我得洗澡了！"

"怎么了？你不是最讨厌洗澡的吗，今天怎么这么主动啊？"

"身上好痒，你看，我都快把自己挠成'斑马'了！"

"是嘛，让爸爸看看。"

"脚就不用看了，穿凉鞋穿的，早就晒成'斑马'了。"

"晒得这么黑了！"

"还说我，你比我还黑呢。"

"爸爸本来就是黑马，不像你是晒成了黑马。"

"我是斑马！"

"好，你是斑马。那你是'黑斑白马'还是'白斑黑马'呢？"

"我是'红条黑马'！"

"妞妞，别挠了，痒是因为晒伤了。"

"不对，给我放水，我要洗澡！"

好吧，斑马。

奔跑吧，熊猫兔

2016 年的夏天，我们全家驱车去了趟内蒙古草原，去的时候还带上了妞妞的宠物，一只蝈蝈和一只熊猫兔。

一路上，妞妞乐此不疲地为蝈蝈寻找花朵，为小兔子准备青草，但我们始终不敢将它们从笼子里放出来。

后来，在一次中途休息的时候，妞妞把兔笼拿到草地上，正准备给小兔子喂草，小兔子看到广袤的草场有些兴奋，在笼子里不停地跑动。妞妞觉得小兔子太喜欢大草原了，就跟我们商量打开兔笼。其实，大自然才是动物们自由生活的地方，小兔子也应该有权利在草场自由地奔跑，所以我们就答应了妞妞的请求，而且没有采取任何放逃措施。

面对来之不易的自由，熊猫兔先是转着圈地一路狂奔，之后很快就冷静下来了，一会儿向东，一会儿向西地小心探索。小兔子似乎对周围充满了好奇，这里嗅嗅，那里闻闻，还会时而尝尝不同地方青草的味道……但它始终没有离开我们太远，这一点倒是令我有点儿意外，毕竟我在内心已经决定放它回归大自然了。

"爸爸，小兔子跑得很快啊，我要跟它赛跑！"

"妞妞，那你不是变成小乌龟了？"

"它跑得快，可没我跑的直。它是乌龟，我是小兔子。"

妞妞的宠物很快引起了其他游人的关注，不一会儿就聚过来好多大人和孩子，大家一起逗小兔子玩儿。因为这分欢乐是小兔子带给大家的，所以，作为熊猫兔的主人，妞妞的表情里开始透露出些许自豪。

休息有一阵儿了，别人都纷纷上车离开了。

"我们走了，谢谢你小朋友，还有你的熊猫兔！"

"再见！"妞妞也很有礼貌地跟刚才的玩伴儿告别。

"你们也赶紧把小兔子关回笼子里吧，跑野了，该不好养了。"

"谢谢您的提醒，再见。一路平安！"我也跟这位好心的朋友做了告别。

"妞妞，让小兔子回家（关回笼子）吧。"

"嗯……好吧。"

其实，我们当时都在想，要不要给小兔子重新找一个家的问题，但我们都没有说出口。在返哈的路上，妞妞的另一只宠物出问题了。

"爸爸，蝈蝈的一条腿断了。"

"是吗？我看看——"

果然，蝈蝈的一条大腿整个掉了下来。我迅速用手机上网查了一下。情况不妙，应当是蝈蝈同志不适应乘车旅行，且营养不良所致。

"爸爸，怎么办啊?"

"妞妞，咱们照顾不好它，还是让它回家吧。也许它在自然环境里还能活一阵子……"

"好吧，蝈蝈笼子我留作纪念。"

"好，一会儿把它放生了，你就把笼子洗干净，放到车后备厢里吧。"

我们将车开到休息区，妞

115

妞选择在旁边的玉米地放生。

"爸爸，一条腿的蝈蝈还能跳吗？"

"能，不信，一会儿你看——"

"它真的能跳，就是跳不远……"

妞妞一直望着她的小宠物消失在玉米地里，才依依不舍地走开。

此时，我再次想起了熊猫兔的放生问题，但周围已经不是草场，尽是庄稼了。

熊猫兔最终跟我们一道回到了哈尔滨。它远离草场，只能在我们小区的草地上奔跑了。直到11月末，一场突如其来的寒流让小兔子着了凉，虽然后来有所好转，但由于我们缺乏经验，怕照顾不好它，就决定请有经验的朋友帮忙饲养，度过冬天。结果，熊猫兔还是病死了。

"爸爸，已经春天了，小草都绿了，你什么时候把小兔子接回来啊？"

"再过几天吧……"

"你可别忘了啊！"

"嗯。"

现在，我又想起了那只蝈蝈。也许它在被我们放生后就很快死亡了，但它在我的心里却像始终活着一样。以至于从内蒙古回来后的很长一段时间，每逢听到蝈蝈的叫声，我就以为是妞妞放生的那只。

断腿的蝈蝈，活着离开了；健康的熊猫兔死在了笼子里。

现在，我很自责，没有给熊猫兔重新找一个适合的家。

《大海——鱼儿的家》

116

印第安鸡

"爸爸，我有几个问题想问你。"

"什么问题，你说吧。"

"嗯——美国不是在地球的另一面吗？"

"对啊。怎么了？"

"那你在美国是站着的，还是倒立的？"

"当然是站着了。"

"那——你头不晕吗？"

"你是不是觉得，你站着，相对于你，爸爸就头朝下了？"

"嗯。"

"有点儿头晕，你帮爸爸揉揉？"

"一会儿的。我还没问完呢。"

"那你接着问吧。"

"你在美国见过印第安人吗？"

"见过吧，爸爸也分不出来谁是，谁不是。"

"怎么分不出来呢？"

"现在他们头上也不插鸡毛了，服装跟别人也差不多，不好区别啊。"

"嗯——那他们头上为什么插鸡毛啊?"

"爸爸也不知道,这好像是他们的传统。大概他们觉得这样很漂亮吧。"

"噢。"

"你的一本书里好像还说过这个事情呢。"

"我的书!哪本啊?"

"就是写小鸡的那套,有一本写的是印第安小鸡的屁股是光秃秃的,是因为它们美丽的毛都被印第安人拔光做头饰了……"

"是吗?!我都不记得了,我去找找看。"

"去吧,在书架上,应该是一本关于去看大海的书。"

"找到了,是(《不一样的卡梅拉》系列中的)《我想去看海》。"

"好。"

"爸爸,好多故事我都忘了,你再给我读一遍吧。"

"好吧,你把它拿过来吧。"

然后,妞妞就抱着《不一样的卡梅拉》全集向我走来……再然后,她就躺在我的腿上听我一本又一本地讲关于小鸡的故事。《我想去看海》《我想有颗星星》《我想有个弟弟》《我去找回太阳》《我爱小黑猫》……直到她睡着了。

《家》

霸道的牛魔王

与夏天对话

"爸爸，我为什么属牛啊?"

"因为你是牛年出生的啊。"

"可我不想属牛。"

"为什么呢?"

"牛一点儿都不可爱。"

"牛多好啊，善良勤奋，忠厚老实——"

"不，小兔子可爱，我想属兔!"

"哎，属相咋改，你是牛年出生就只能属牛，别胡闹了。"

"不行，你再说我属牛，我就用头顶你!"

妞妞想要掌控身边的人和事儿，说明她想长大。也有可能，她认为自己已经长大了。

十二生肖

"妞妞，你把十二生肖背下来了吗?"

"背下来了。"

"你背一遍，爸爸听听对不对。"

"噢……紫色的老鼠瞅了一眼牛，银色的老虎和小兔子是好朋友，辰龙饲养了一条蛇，五匹马在喂一只羊，申猴有一只鸡，戌狗害死了一头猪!"

"?!"

"爸爸，你怎么了?"

"呵呵，爸爸有点晕……不过，你说得挺好玩儿的，你再说一遍呗!"

"你想学啊? 紫色的老鼠……"

121

妞妞在很多时候都是不按常理出牌的，这次背诵十二生肖也是这样。如果你强迫她用"正规"的方式背诵，她基本完不成任务，可能也会使她和你都不高兴。而她用自己喜欢的方式却能很快地、快乐地完成任务，且给身边的人带来愉悦和惊喜。

我喜欢妞妞说的"紫色的老鼠"，也希望看到快乐的妞妞。妞妞现在还是不太接受那些"正规"套路，仍然喜欢用自己习惯的方式学习、思考，从效果看，很不错。这并不是说"正规"有问题，而是对的方法要找到对的人。随着妞妞慢慢长大，相信她也会明白嘻哈的方式只适合嘻哈的场合，很正式的场合最好还是讲究些规矩。

不讲规矩的妞妞不总是可爱的，要起"威风"来的小不点儿有时活像个大魔王，因为属牛，她自然在我心里就多了一个"牛魔王"的印象。

妞妞出应用题

"妞妞，你的应用题又错了。"

"嗯！"

"你们老师让你自己编几道应用题，好好练习一下。"

"怎么编啊？我不会。"

"仿照'小明有十块糖果，送给小红5块，问：小明还剩多少糖果？'的那道题编就行。"

过了一会儿，我看到妞妞的练习本上写着：

"爸爸总共有90根头发，tì(剃) 掉了36根，问：爸爸现在还有多少根头发？"

"?!"

"爸爸，我编的怎么样？"

《小鸟与鳄鱼》

"……题出的不错，但下次出题，一定要尊重事实。"

把事情变得生动有趣是妞妞的一贯风格。还有一次，她在画画，问我想要一只什么动物。想到她没怎么见过真鳄鱼，就要求她画条鳄鱼。本以为她会把鳄鱼画得很凶狠，可她画出来的作品竟是这样的……

印度的乘法口诀

"爸爸，你会乘法吗？"

"当然会啦。"

"那咱们比赛啊？"

"好啊，怎么比？"

"咱们每人出道题，看谁算得快啊。"

"好吧，你先出题。"

"嗯……'35 乘以 35'。"

"一下子就出这么大的数，我还没找笔和纸呢！"

"哎呀，不是啦，是口算。"

"啊，你会算?!"

"当然了！结果是 1225！"

"你不会是先算好了，把结果背下来的吧。"

"不是的，这是印度数学乘法口诀。"

"?"

"该你出题了"

"不用出了，爸爸认输了。你教教爸爸呗？"

"我还不太会呢，那里有书，你自己学吧。"

居然被无情地拒绝了！

印度数学，我记住你了！

诸葛妞妞

①爸爸身体不好

"爸爸，你身体怎么这么不健康啊?"

"爸爸很好啊，哪里不健康了?"

"你看你，穿这么多，我们老师就穿一件单衣服!"

"这么冷的天，你们老师就穿一件单衣服?"（我当时都穿棉服了）

"是啊，他身体可健康了!"

"爸爸不行，如果爸爸穿那么少会感冒的。"

"你得多锻炼啊!"

"好的。"

"从现在开始吧，你背我回家!"

"……"

有些人啊，明明是占了人家便宜，还偏偏想让人替你吃苦受罪的同时感念你的好。你要不是我的小情人儿，才懒得理你呢! 老爸修炼多年，你那点儿小伎俩，太嫩!

②笔

"爸爸，这是我的笔吗?"

"是爸爸的……"

"你现在用这支笔吗?"

"不用……"

"我用行吗?"

"行啊……"

"我用的时间长一点,行吗?"

"行……"

"那它现在是我的了!"

"……你是打算用一辈子吗?"

"不是啊……"

"那你怎么说'它是你的了'?"

"我用到(笔)坏(为止)!"

高,实在是高!

耍无赖,都要得这么可爱。

③ 再看一集

(女儿已经看了两集动画片)

"妞妞,看完动画片,该刷牙睡觉了……"

"要是能再看一集就好了,我一定能睡个好觉……"

"……"[晕]

孩子用"扑闪扑闪"的大眼睛深情地望着我,整个心都快融化了。"孩子,你想看几集都行,只要你高兴!"这句话都到嘴边了,理智告诉我,这是妞妞的"新战略",别上当。

其实,妞妞是真想"再看一集","大眼萌"未必是什么"战略",更多的是真情流露。说实话,要不是当天她看电视时间太长,且已经很晚了,我定会失了"原则"。

其实,如果那真是孩子的"战略",我会更高兴。因为,那说明她已经开始揣摩别人的心思,并动脑思考实现目的的有效方法了。

如果那真是孩子的"战略"该多好啊。下次我定会选择上一当,权当鼓励她的小心思了。

"四不像"

"爸爸，这个四不像真有意思……"

"宝贝儿，咱们到那边儿逛逛……"

"爸爸，这个玩具挺好的，但没有四不像好……"

"是吗……"

"爸爸，那是什么水果啊，怎么四不像啊……"

"……"

"爸爸，快看那个小朋友，长得多像刚才的四不像……"

"……好吧，姑娘，你赢了，你还记得卖四不像的地方吗？"

"爸爸，我怕一会儿找不到，刚才就一直领你围着它转来着……"

"……"

欺负爸爸是路盲啊！

孩子在实现目的的道路上，真是无所不用其极。不过，这种办法也不是每次都灵，更不是什么人用都灵。

妞妞曾向我和家人直接索要过玩具或小食品，但效果不是很理想。

"爸爸，给我买个小猫吧？"

"不行。"

"爸爸，给我买个小猫！"

"说了不行！"

"爸爸，你必须给我买个小猫，不然我不喜欢你了！"

"不喜欢就不喜欢，不许再提买猫的事儿！"

"你讨厌！呜呜呜……"

而买"四不像"这一次，她的策略显然很成功。"四不像"价格很贵且不美观，如果没有妞妞的"巧妙策略"，我是不会给她买的。

总结一下，妞妞这次成功案例的主要经验在于：让我真切感受到了她内心的渴望，然后觉得她表达请求的方式不让我厌烦，甚至感到挺有趣儿。有时候不直接索要，通过巧妙表达或表现愿望，更容易让人从心理上接受。

当然，这种事儿还要看"人品"。我有一次失败的案例：

"妞妞，给爸爸画一幅画吧？"

"不行！"

"你看，你画的小鸟、小花多漂亮，你送给蒙蒙、棒棒各一幅，可爸爸还没有呢！"

"你自己画呗！"

"妞妞，爸爸可喜欢你的画了……"

"不行，我把酸奶放下，你该偷吃了！"

"爸爸还能骗你的好吃的？！"

"你会的！"

"……"

是不是这招之前用得太多了！

爸爸是磨牙棒

"妞妞，你的牙不好，以后要注意爱护。"

"怎么了?"

"你要是再不好好刷牙，以后该咬不动东西了。"

"怎么会呢?"

"啊——你咬我干吗?"

"疼吗?"

"当然疼了!"

"那我还是能咬动的——"

"爸爸说的是'以后'。"

"'以后'是什么意思?"

"就是过一段时间——"

"哦，那我过一段时间再试试。"

"天啊，你当爸爸的手是磨牙棒吗?"

"嘻嘻!"

安妮（妞妞小伙伴儿）与家人的谈话:

"爸爸，你一定要保护好牙牙啊。"

"怎么了?"

"这可是你最后一拨牙了。"

"?"

"下一拨就是假牙了!"

"!"

对比一下就不难发现,我家的宝贝儿真的是有些凶猛呢!

大概是她有个凶猛的老爸吧。

毕竟孩子总是首先跟着父母学说话,学做事,而我恰巧又是一个情商相对较低的人。

除了"凶猛",妞妞磨人的功夫也是一流的。

"妞妞,姥爷今天喝酒了,但他还坚持回家。这么晚了,很危险。你帮爸爸劝姥爷留下住吧。"

"姥爷,这么晚了,你就别回家了呗!"

"不行啊,姥爷要回家看电视剧呢。"

"电视剧能有我好看啊?!"

"……"

"姥爷,你就留下来陪我说说话呗,求求你了,姥爷……"

"……"

"你要是留下来,我就太高兴了!"

"……"

"姥爷,你要是留下来,我就奖励你一块小象钙。"

"好吧,姥爷不走了。小象钙你留着,给姥爷一块小饼干吧。"

成功!

我相信,凡大才者,必有缺憾之处,关键是能做到适才而用。

"凶狠"的妞妞

屋子里竟然进蚊子了，我决定消灭它。

"爸爸，你怎么把小虫子打死了?"

"它咬人，是害虫，得消灭它! 那儿还有一只——"

"不能伤害小动物!"

"那你想怎么处理它?"

"把它养着，不能让它死!"

"它要咬人的，否则也活不了啊!"

"好可怜啊!"

"你那么善良，你养着它，让它每天都咬你吧?!"

"不行，爸爸打死它!"

"……"

这"画风"变得太快，我有点反应不过来了。不过还好，妞妞没说"爸爸，还是让它咬你吧"。

生活中，你把爱心给了谁? 你又伤害了谁。当人们的"善良"与伤害自身相遇时，或许大多数人都不难做出抉择，但若相遇的是伤害他人，又有多少人会理智呢?

有些父母陪子女玩耍时，喜欢扮作"牛""马"让孩子骑，然后孩子会在父母不在时，要求父母的父母扮作"牛""马"。孩子自小就对老人"拳打脚踢"，权当"牛""马"，渐成习惯，将来怎么再教育他孝敬老人？如果只是陪孩子玩耍，何必如此？孩子对他人不礼貌，被批评几句，就急于替孩子出头，"这么大人了，怎么跟孩子一般见识，没素质！"等等诸如此类。这些都并非"真爱""真善"，只是"伪善"和"自私"罢了。千万别让你的"善良"伤害到你爱的人和爱你的人，也尽可能，别让在乎你的人为你的"善良"买单。

　　这里还得说说"脾气"的问题。"好脾气"与"坏脾气"有性质上的差别，但评判好坏时必须分清对象，分清时机，分清事件。我觉得：生活中，应该没有绝对的"好脾气"或者"坏脾气"。对待"害虫"，最好是把"好脾气"收一收；对待即将发生的严重错误行为能制止就要有效制止；对待"坏习惯""不礼貌"等，时间允许的话，还是用好脾气慢慢引导和规矩，会好些。

蚊子生气了

"爸爸，我的嘴肿了。"

"是被蚊子咬了，别总是碰它。"

"可是我的嘴又痛又痒啊！"

"过一阵儿就好了。"

"爸爸，蚊子为什么咬我的嘴啊？"

"昨天晚上的时候，它可能想跟你说说话，结果你睡着了，没理人家——"

"所以，它生气了，是吗？"

"应该是吧。"

"它咬我的嘴没有咬我的腿好！"

"什么意思？"

"就是说，它咬我的腿，我不会像现在这么难受。"

"那你不让它咬你岂不更好吗!"

"可它都生气了啊!"

"妞妞,不是别人生气了,你就要满足他的要求。要求如果是无理的,你可以置之不理。"

"'咬人'是无理的吧?"

"是,绝对是!妞妞,你记住,蚊子是害虫,咬人后让人又痛又痒,还可能传播疾病,不能让它咬。"

"爸爸,你还记得我在外边玩儿的时候,屁股被咬了三个包,脚上也被咬了吗?"

"记得。"

"它们怎么也不嫌臭啊!"

"?"

这次是妞妞生气了。

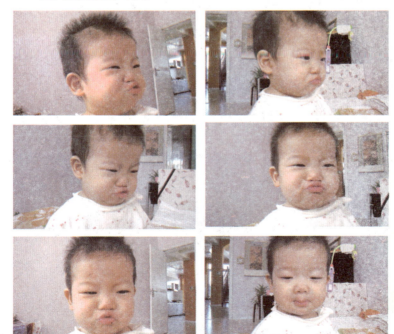

谁是第一名

"爸爸，你知道我们这次野外写生谁是第一名吗？"

每次妞妞让我猜谜时，多是判断性质，且答案是肯定的。像刚才这么问的时候很少，答案也必定是她自己。

"我猜啊，是棒棒！"我想逗逗她，就故意猜了别人。

"棒棒，棒棒是谁啊？"

"田田？"

"田田，田田又是谁啊？"

这些人都是妞妞的好朋友，却不是她绘画班的同学。

"都不是的话，那就是妞妞了！"

"妞妞，妞妞又是谁呢？"她竟然也和我装起糊涂来了。

"妞妞就是你这个小淘气儿！"我用食指刮了一下她的小鼻尖儿。

"你猜是不是我的好朋友 XXX？"

"经典"的判断式提问又来了，按照惯例答案应该是肯定的。可是，我之前的判断错了吗？突然想起《智斗》中刁德一评价阿庆嫂时的那句台词，"这个女人不寻常！"

"是！"

"错了，是我！"

"？"

居然被她骗了！

"爸爸之前猜是你了，你怎么不揭晓答案，反而又问是不是你的好朋友呢？"

"那是因为你不坚定啊。"

其实最初我是很坚定的，是你太鬼了，误导了我。

裤子长不大

妞妞对自己喜欢的衣服一直不舍得离身，哪怕是旧了、小了也要坚持穿在身上。

"爸爸，我下楼去玩了？"

"等等，你怎么又把这条裤子穿上了？"

"怎么了？"

"裤子已经小了，你看，都露脚脖子了。"

"可是它挺好看的啊！"

"不能光想着好看，天气渐凉了，不能露脚脖子。再说这条裤子也瘦了，已经不合身了，改天洗干净送人吧。"

"那，送给小A可以吗？" A是妞妞的好朋友，且同龄。

"她恐怕也穿不上了，还是送给小B吧，她穿能合身。" B要比妞妞小一些，但也是经常一起玩的小伙伴儿。

"可我更想送给A。"

"她太大了，穿不上。"

"那，等我再长长，然后送给她呢？"

"你长长？你长了，衣服又不长！"

"对啊，衣服不能长。爸爸，我是不是傻了？"

你是舍不得裤子吧！

霸道的小魔王

小花匠

清早六点时，妞妞睡醒了，见我在书房做题，跟我只简单地打了招呼就独自去露台玩了。若是工作日，妞妞早被我催着刷牙、洗脸、吃饭、换衣服、梳头、背书包、下楼……因为是周末，不急着上学，我也就任由她"休闲"一会儿。露台上多是花草，她大概是去看花儿开了没有吧。

"爸爸，你（之前）看到这个了吗？"过不多会儿，她手拿一个微型花盆走到我身边。

"这是什么，怎么像一颗豆芽？"

"不是豆芽，是一种小花，我种的！当时我还以为它不能活了呢，种完就放在旁边了，我都快把它忘了，刚刚也是无意中看到的。"

"真可爱，你怎么会想到只种一颗呢？"

"我就试试，看它能不能长出来。"

"它现在长出来了，这回不能再把它忘了，要记得浇水啊。"

"嗯！爸爸，你能跟我来一下吗?"

"干什么?"

"我发现露台的'香水百合'有一株是双胞胎。"

"是嘛，快带我去看看!"其实我早就发现了，但还是很激动地被她牵手到了露台。

"爸爸，你猜猜她们哪个是姐姐，哪个是妹妹?"

"我猜是右边的，因为它长得更高些。"

"但是妹妹有时也会比姐姐高啊，所以我猜是左边的，它的叶子大一些。"说着她又用手指指着一片叶子说: "你看啊，它多宽，右边的多小啊，左边的是姐姐!"

妞妞很自信，而且有理有据。

"不错啊小朋友，你很善于思考。"

妞妞的贴纸作品

140

妞妞的脚很生气

吃饭时，妞妞有点儿"毛毛愣愣"的，我想提醒她一下。

"妞妞，吃饭时注意点儿，不要用筷子乱搅，把饭粒儿弄得满桌子都是！"

"爸爸，你小时候是不是也跟我一样啊？"

"才不是呢！你吃饭时专心点儿，别总是唠嗑，你得改一改这个坏习惯。"

因为比较疲惫，想喝一点儿酒解乏。我就一边批评她，一边用小酒桶倒着酒。这可是我哥哥从农村给我弄的小米小烧，还是非常难得的陈酿。结果找正说话时，酒桶的拉手突然坏掉了，酒桶一下子翻滚到地板上，我一愣神儿的工夫，就已经洒了近半桶酒。我赶紧扶起酒桶，又拿出抹布处理地上的一片汪洋，真是酒香四溢啊，

我一边擦地，一边心疼这些好酒……

"爸爸，你怎么也'毛毛愣愣'的呢？"

"酒能杀菌，爸爸是在给地板消毒呢。"

"你也要给我的脚消毒啊！"

"什么意思？"

"酒洒到我的脚上了，我的脚都生气了！"

"是你生气了吧？"

"我的脚生气了，我被酒熏醉了！"

爸爸错了，不该犯了错还撒谎掩饰。

"哦，对不起！妞妞同学，我不该毛毛愣愣的，我为给你带来的不愉快表示歉意。"

"爸爸，你得改一改这个坏习惯！"

"好的。"

妞妞的脚很生气，后果很严重！

温水的水温

妞妞的消化不大好，请名医给开了点儿健脾的药，每天早晚饭前半小时温水冲服。现在已经是饭时了，而此时，妞妞还在楼下玩得正嗨。

"妞妞，该回家吃饭了。"

"我想再玩一会儿，可以吗？"

"你还没吃药呢，上楼吃了药，可以再下楼玩一会儿。"

"好！爸爸，你记得冲药的水温吗？"

"用温水冲。"

"我问的是水温！"

"五六十度左右吧。"

"你记得怎么不直接说呢，我还以为你不知道呢！"

"我答的是'温水'啊。"

"那你也没说温水是多少温度啊！"

"好吧，是我的错，用五六十（摄氏）度的水冲药，这回清楚了吗？"

"嗯，这回清楚了，我就是怕你弄错了。"

妞妞想要明确答案，我却只给了模糊概念，她自然不高兴了。

女神的颜色

"爸爸，你有女神吗？"

"有啊。"

我心里想，这孩子怎么会突然问我这个问题，她要是问我是谁，我可怎么回答。选林青霞、张曼玉会不会生气啊！

《善良女神》

"能给我看看吗？"

"嗯，现在不太方便，过一会儿爸爸上网给你查——"

"是不是你也觉得她不好看啊？"

"现在年龄大了点儿，但气质很好，她们年轻时非常漂亮！"

"我觉得她不漂亮，尤其是颜色！"

"颜色？"

"对啊，我都看见你和她的照片了，颜色一点儿都不好看。"

"怎么可能，你还看见我和她的照片了？"

"就在你的手机里看到的。"

"是嘛，来，你来指给我看看。"

"看，这不就是嘛！"

妞妞找了一会儿，指着我去美国时在游轮上与远处的自由女神像的合影对我说。我当时就想，女神啊，你的样子和颜色被小朋友嫌弃了。

　　"爸爸你看，这是我画的《死亡女神》。"

　　"好可怕啊！"

　　"我还想画一个好的女神。"

　　"'好的女神'？那就画呗。"

　　"可我一画就画成'美少女战士'了，再就是你手机里的那个了。"

　　"你不喜欢这个女神？"

　　"不都说了嘛，不好看！"

　　对不起，我忘了你不喜欢它的颜色。

礼　物

　　有一段时间，只要有其他家人在，妞妞就会很明确地让我"走开"。也许是我在她"犯错"时有点凶的缘故吧，她时而会在自己未犯错误时先对我"凶"起来。这怎么能行，我得改变一下。

　　"妞妞，爸爸回来了，想没想我？"下班回家，我先主动跟妞妞套近乎。

　　"走开啦，我要写作业了！"

　　"爸爸回来半天了，你怎么也不跟爸爸打声招呼啊？"

　　"你没看见我正写作业嘛！"

　　"打声招呼的时间总会有的吧——"

　　"你好，行了吧！"

　　"太敷衍我了……"

　　"你都看见我在门口放的'牌儿'了，还进来，你到底让不让我写作业了？！"

　　我疑惑地走出她的房间，看了一眼门把手，果然挂了一张纸，上面赫然写着"换衣中，请勿打 rao（扰）！"

　　"妞妞，你不是在写作业吗，怎么是'换衣中'啊？"

　　"就是那个意思，不让人闯进来。你不还是进来了！"

妞妞的三维贴纸作品

146

"哦，是我错了。"

"知道就好！"

妞妞一边说，一边向我拜拜。我不想就此"认输"，马上实施方案B。

"我就是给你买了个小礼物，着急想问你喜不喜欢。"

"在哪里呢？我看看——"妞妞对礼物毫无抵抗力。

"……还是等你写完作业再给你看吧。"我故意逗她说。

"你给我看看呗！"

"不行，先写作业。"

"看完了再写不是一样嘛，快拿给我看吧——"

"那怎么能一样，你先写作业。写完了，爸爸检查，合格了，爸爸马上把礼物拿给你。作业完成得不好，礼物就没有了！"我竟想一石二鸟，用礼物来刺激一下孩子的学习。

"你怎么这么讨厌呢！"

妞妞竟像是已经失去礼物似的委屈得要哭了。为了缓和一下妞妞的情绪，我选择先给妞妞一点儿好处。

"好了，先给你点儿好吃的，吃完去写作业，写完作业，到爸爸这里领礼物。"

这招果然有效，妞妞似乎已经摸到礼物的边儿了，很快安静下来。

"我一会儿就能写完。"

在妞妞写作业的过程中，我再一次反思。如果礼物是爱的表达，我为什么要跟妞妞讲条件呢？

我现在开始怀疑自己，是不是把爱变成了交易。

早 起

妞妞上小学二年级的时候，每天早上 6：45 在小区门口坐送子车到学校去。

早上 5：30。

"妞妞，该起床了！"

"我不想起，再让我睡一会儿吧。"

"不行，你昨天就迟到了，现在再不起床，今天又得迟到。"

"我困啊！"

"谁让你昨天晚上贪玩儿，不早点睡觉。"

"那昨天也没这么早起床啊！"

妞妞用古老造纸术制作的美术作品《公鸡报晓》

"你昨天 5:40 起床就迟到了，今天得早点起。"

"可我还想再睡一会儿啊。"

"谁让你昨天睡那么晚的，现在上学要迟到了，不能再睡了，快点起来吧。"

"那你抱我下楼去。"

"不行，你都这么大了，自己走。快点儿！"

"不行，你得抱我。"

"我先下楼了，你快点穿衣服下楼。"

5：45

"妞妞，怎么还不下楼!"

"哎呀，我穿衣服呢!"

"你太磨蹭了，快点!"

"我袜子呢?"

"在五斗橱里，快点儿!"

《不知所措的小企鹅》

"知道啦!"

"快点刷牙、洗脸。"

"嗯。"

"妞妞，你书包收拾好了吗?"

"嗯。"

"妞妞，快点过来吃饭。"

"好了，来了!"

"妞妞，快点吃，吃完还得给你梳头呢，快迟到了。"

"嗯……"

"妞妞，你红领巾呢?"

"不知道!"

"你自己的东西每天都要放好，怎么能'不知道'?"

"嗯，老师还说今天穿白鞋。"

"你怎么才说啊，下次早点告诉我。"

"嗯。"

"别吃了，快走吧，要迟到了。"

"嗯!"

这一早晨，妞妞受了很多次批评。这种做事情拖沓的习惯确实不应该放任，但我也在反思：作为父亲没能帮助孩子养成好习惯，

149

还用发脾气的方式来处理问题，更应该检讨。

因为孩子上学迟到几分钟，而选择第二天提前几分钟起床并不是真正解决问题的方法。孩子应该学会规划时间。

5：30 开始对妞妞叫早，结果妞妞因为没睡好，闹情绪，赖在床上磨蹭到 5:45 下楼。提前的这十几分钟，得到的效果竟是孩子没睡好，与家长情绪对立。在之后的行为中，孩子因情绪和习惯依然慢节奏，最终早起行动失败。

如果换一种方式呢？比如，头天晚上指导孩子把书包和校服收拾好，并帮助孩子规划第二天早上的时间表：6:00 起床、刷牙、洗脸；6:10 吃早饭；6:25 梳头、换校服等；6:35–6:40 出门。

完美！

没意思

"爸爸，为什么每天都一样啊？"

"怎么一样了？"

"为什么我每天都是写作业。完了看动画片，然后吃饭，再然后画画，再再然后玩儿，吃饭……始终都是这样！"

"好像是啊！"

"多没意思啊！"

妞妞居然一边说着，一边哭了起来。我猜想，她是不想写作业，只想看动画片或玩儿，找不出合适的借口发泄，所以才提出了"每天都一样，没意思"的话题。

"你觉得，怎样才有意思呢？"

"每天都不一样！我想出去找 XXX 玩儿，去科技馆，去淘气堡，去松松小镇……每天都不一样。"

"你就想着玩儿。"

"玩儿怎么了?!"

"你写完作业了吗？"

"写作业没意思，也没什么用啊？"

"你现在玩儿的这些，包括买的各种玩具，都要花钱获取。你现在好好学习，将来才有机会

151

赢得一份收入不错的工作，才有资格享受你希望的'每天都不一样的生活'。"

"可我现在就想（享受这样的生活），等我长大了再学呗！"

"你还记得《寒号鸟》的故事吗？"

"记得。"

"寒号鸟在该垒窝的时候选择偷懒，跑去玩耍，最后冻死在寒风里。你如果在该学习的时候只一味地想着玩儿，到将来——"

"也会被冻死吗？"

"——会！"

"那，我写完作业再去玩儿。"

"好！"

"——爸爸，我又不是寒号鸟，我是不能去上班（而不是冻死）吧！"

呵呵，管它是啥呢，你能明白我要表达的意思就对了。

《忙趁东风放纸鸢》

讲故事

"爸爸，给我讲个故事吧。"

"讲个什么呢？就讲一个小女孩和糖果的故事吧。"

"不许讲我！"

"好，不讲你。从前，有个胖胖的小女孩儿——"

"可我也不胖啊！"

"都说了，讲的不是你。这个小女孩儿特别喜欢吃甜食——"

"这不还是在讲我嘛！"

"说了不是你，这是一个胖胖的小女孩儿。有一天，她对妈妈说，'妈妈，我想吃糖果。''不行啊，小宝贝儿，吃糖对你的牙齿可不好。'妈妈立刻阻止道——"

"后来，她就偷吃了一块儿？"

"你怎么知道的？"

"这不就是我嘛！"

"？"

嗨，其实我最初真的只是在讲一个故事而已。在买早点的途中，妞妞突然要我讲故事，我一时没想好讲哪个故事，就随口给她编了一个，非常贴近妞妞的实际生活，妞妞也很入戏

地对号入座了。

"那好吧，你都知道故事的结局了，我就不用再继续讲下去了。"

"不行，接着讲!"

"?"

真正的勇士敢于直面惨淡的人生，敢于直视自己当初的幼稚和顽皮?

"爸爸，她是吃到第几块糖的时候，牙齿才掉的?"

"这个——"

"她的牙全都坏掉了吗?"

"只是几颗。"

"她要是后来不吃糖了，坏牙能变好吗?"

"不会。"

"哦。"

"不过，牙齿会给真心改过的小朋友一次机会。"

"什么机会?"

"就是过一段时间，她会再慢慢长出新牙。"

"真的吗?"

"当然! 不过，如果她以后还不爱护新牙，新牙也会坏掉。而且，以后再也不会长出新牙了。"

"我现在都很少吃糖了，对吧，爸爸!"

"嗯，你很乖!"

《自然之神》

154

无脊椎动物

"爸爸，给我讲你小时候的故事呗。"

"讲什么呢?"

"什么都行。"

"爸爸小时候很淘气——"

"你爬树吗?"

"爬啊!"

"是松树还是杨树?"

"杨树和柳树。"

"你爬得高吗?"

"高，有时都快到树顶了。"

"然后你是不是就掉下来了?"

"爸爸确实从树上掉下来过。"

"然后呢?"

"爸爸就受伤了呗。"

"受啥伤了?"

"你不是看见过爸爸背后的刀疤吗?"

"嗯,那伤疤是从树上掉下来时伤的啊?"

"不是,当时很疼,但我没当回事儿。后来就越来越疼,疼得爸爸直打滚——"

"哈哈,是真打滚儿吗?"

"笑什么啊,爸爸是疼得要命,不是玩儿。"

"哦,后来呢?"

"后来到医院检查,医生说我的骨头受伤了,爸爸背后的刀疤就是当时做手术时留下来的。"

"爸爸,(给你做手术的)刀是什么样的?"

"电的,一刀割开——"

"疼不疼啊?"

"当然疼了,所以你以后可别太淘气了,尤其别总做些危险的动作。"

"开刀那么疼,你还'开'?"

"不做手术,爸爸的病不会好,而且会一直疼下去。"

"割一刀就好了啊?"

"做手术是要把坏骨切除,再慢慢治疗,恢复——"

"所以你没骨

头了呗!"

"嗨,只是切除了几块坏掉的骨头。"

"是哪个地方的?"

"肩胛骨和胸椎附近的坏骨。"

"所以你没有胸了,是吗?"

"是胸椎,不是胸,脊柱旁边的。"

"你没有脊柱了?"

"没有脊柱,人还能活嘛!至少站不住了,你看爸爸不是能跑能跳的嘛。"

"为什么没有脊柱,就站不起来了?"

"脊柱是人身体站立的支撑,你看无脊椎动物就无法直立行走。"

"都哪些是无脊椎动物啊?"

"啊,比如说毛毛虫。"

"毛毛虫也能抬头啊?"

"但它不能直立行走,它是这样爬行的。"

我试着用整只手模仿毛毛虫爬行的样子。妞妞看了觉得很有趣儿,她用一根手指模仿,更显惟妙惟肖。

"你看,毛毛虫恶不恶心!"

"恶心!"

故事终于可以结束了?!

"爸爸,你小时候还有哪些事儿是好玩的?"

"!"

影　子

　　"爸爸，你知道地上为什么有那么多影子吗？"

　　"爸爸不知道，你给爸爸说说呗。"

　　"就是因为有很多很多的灯啊！"

　　"是吗？"

　　"是啊，不信你看，我在灯下面不就有影子了吗。你再开一盏灯就多了一个影子啊。"

　　"哦，真的是啊。"

　　"你都不知道吧！"

　　"可是，为什么有的影子颜色深一些，有的影子暗一些呢？"

　　"嗯……那是因为有的灯（很）亮，有的灯不（太）亮吧。"

　　"那又为什么爸爸的影子长，妞妞的影子短呢？"

　　"那是因为爸爸（比我）高啊！"

　　"你有没有办法让你的影子长过爸爸的？"

　　"等我长个儿了，就超过爸爸了。"

　　"爸爸说的是现在，你有办法吗？"

"现在啊!"

"好好想想,你会有办法的。想想影子是怎么形成的。"

"嗯,我拿个大灯从旁边（低角度）照!"

"嗯,你很善于发现问题和思考问题。不错,奖励你一个好吃的!"

"你也挺听话的,给你搂个脖吧!"

"哎,说好了'搂脖',你怎么爬到爸爸身上来了?"

"我突然想骑梗梗了!"

爸爸喜欢闻臭味儿

（1）便便好臭

宝贝最近肠胃不好，吃了一段时间药，见好了些，刚排完便，我想检查一下便形。

"妞妞，先别冲马桶，爸爸看看你的便便……"

"爸爸，你喜欢闻臭味啊?"

"……"

真的好臭啊！

（2）爸爸喜欢闻臭味

和女儿玩儿捉迷藏，她把拖鞋脱在衣橱外边，自己藏在里边。我很顺利地找到了她。

"爸爸，你是不是用鼻子找到我的?"

"爸爸用眼睛……"

"我藏在里面，你又看不见。你肯定是闻到我的味儿了，你不是喜欢闻臭味吗……"

"爸爸才不喜欢闻臭味呢！你有什么味儿啊?"

"闻到了吗，我刚才在里面放了一个大臭屁……"

"你……汪汪汪！"

妞妞很聪明的，只是她当时还太小，逻辑思维能力还没有完全培养出来，但即便是成年人，逻辑思维能力也是有很大差异的。

为了方便表达，我们先简单地把人定义为"直观者"和"深刻者"。

生活中也难免会发生类似情况。在一些思维能力不是很强的"直观者"的眼中，另一些思维能力超强的"深刻者"要么非常幸运，要么就是他们的鼻子有特殊能力。而在"深刻者"眼中，"直观者"的想法是可笑的。

我自认是一个"直观者"，但不想在"深刻者"眼中可笑地行走，所以，我决定向妞妞拜师。因为在我与妞妞的后续对话中，我发现妞妞很善于学习。

"闻到了吗，我刚才在里面放了一个大臭屁……"

"你……汪汪汪！"

"哈哈哈，你是小狗啊……"

"你才是小狗呢！"

"好啊，我是小狗，汪汪汪……你是大狗，汪汪汪……"

"……好了，不说狗了。刚才你藏进衣橱之前，把拖鞋脱在了衣橱外边对不对？"

"爸爸，你是怎么知道的？"

"你想啊，你是穿着拖鞋上楼的，你藏起来了，现在鞋子就在衣橱外边，爸爸当然会猜想'你藏在衣橱里边了'。"

"那下次我就穿着拖鞋进去……"

"不可以，那不把衣服都弄脏了嘛?!"

"……那我把拖鞋藏起来，或者摆在别的柜子外边，再藏在里边。"

"道理是这个道理，但你不一定还藏在这里啊……"

"当然了，但我不能告诉你啊！"

这次我用的是鼻子，妞妞用的是脑子。

妞妞的加法游戏

　　清晨，带妞妞到外面吃早餐。可能是因为出门前她一直在做数学题的缘故，一路上，她不停地出题考我。后来，她又将数学计算偷偷换成了加法游戏。

　　"爸爸，你知道'1+1'等于几吗？"
　　"等于2呗！"
　　"不对！"
　　"不对？那还等于11。"
　　"还等于几？"
　　"还等于'王'？"
　　"嗯，还等于'田'！"
　　"'田'？"
　　"对啊，'1+1'字再加上一个'='不就是'田'了嘛。"
　　"你出的题好难啊！"
　　"有意思吧，我再给你出几个（题）啊。"
　　"好。"
　　"一个楼加上一个楼，再加上一个楼，再加上一个楼，等于什么？"
　　"居民小区！"
　　"对了。一个垃圾桶加上一个垃圾桶，再加一个垃圾桶，再加，再加，等于什么？"

162

"垃圾站!"

"一辆车加上一辆车,再加一辆车,再一辆车,等于什么?"

"停车场。"

"一个鸭脖子再加一个鸭脖子等于什么?"

"两个鸭脖子?"

"不对,是一个鹅脖子。"

"这我怎么能猜得到啊!"

"爸爸,你给我出一个。"

"好,你猜猜:一棵树加上一棵树,再加一棵树,等于什么?"

"树林。"

"为什么不是森林呢?"

"都一样嘛。再说,再说(一个)。"

"一滴水加上一滴水,再加一点水……等于什么?"

"一条大河!"

"一株小草加上一株小草,再加一株小草……等于什么?"

"大草原!"

"一片落叶再加一片落叶,再加一片落叶……等于什么?"

"一堆落叶?"

"是秋天。"

"嗯!再出(题)啊。"

"一个小妞妞,再加上一个小妞妞,等于什么?"

"双胞胎!"

"是妞妞在照镜子。"

"哈哈,爸爸,一个城市加上一个城市,再加上一个城市……等于什么?"

"等于一个国家。"

"那,一个国家加上一个国家,再加上一个国家呢?"

"爸爸猜不出来啊!"

"是全世界!"

"'全世界',咱们到地方了,该吃饭了。"

"哎呀,我又不是'全世界',我是一头饿狼,饿了的狼!"

"小饿狼?"

"有意思吗?你是大饿狼,我是小饿狼。"

小饿狼的早餐很素,是烧饼和豆浆。我的正好相反,是豆浆和烧饼。

《天空之城》

扛起的包裹轻，放下的包裹沉

一次，接岳父到家里吃晚饭，他拿了一个小包儿，我要拿着，他却把我推到一边，执意不肯。还说，"这么轻，自己能拿。"见他如此坚持，我也不好强夺，就这样一路到家了。在开门的那一刹那，我发现妞妞不高兴了。

"爸爸，你怎么不帮姥爷拿东西呢?!"

"不沉，这点儿东西，姥爷能拿。"岳父不以为然地笑着对妞妞说。

"我拎拎着……是不太沉。如果沉的话，就让爸爸帮你拿。"妞妞不无关切地说道。

趁岳父送东西到阳台的工夫，我急忙接过话茬。"妞妞，沉的东西，为什么要爸爸帮着拿啊?"

"因为姥爷年龄大了，而你有劲儿啊!"

"嗯。"

"等爸爸老了，我也帮爸爸拿。"

"好，等爸爸老了，你也帮爸爸拿。"

"我慢慢长——"

"为什么，你想偷懒?!"

"不是，等我长大了，姥爷就更老了，该走不动了。"

"好，你慢慢长，姥爷不老，爸爸始终有劲儿！"

其实，我特别想对妞妞和"姥爷"说，不管"包儿"沉不沉，都请让我拿着。这不是服不服老的问题，是对子女的教育和关心。

其实，我在家里多次提到了"尊老爱幼"的观点。当一件好事儿来临，是先让老人得，还是先可着孩子来？我选择老人。一是老人的机会已经不多了，社会在进步，现在的美好可能是他们年轻时没有的。老人们辛苦一辈子，应该学会享受生活。这种享受其实也是工作——对子女的示范和教育工作。将来我们也会老去，孩子们也会长大、渐渐老去，到那时，也会有子女学我们今天的样子。相反，如果我们始终围着孩子转，不让孩子们吃一点儿苦，保证他们品尝到的都是甜，那他们将永远是长不大的孩子。所以，老人要学会生活，而且要生活得让别人羡慕，这也是老人的一分责任。

我一直觉得："尊老"才是真正的"爱幼"。

回想，刚进门时，妞妞发问的那一刻，我压力山大啊！

爸々 isn't 好孩子

"爸爸，你为什么叫'蜗牛'啊?"

"蜗牛多可爱啊!"

"可是，蜗牛是害虫啊!"

"?"

"爸爸，你想当害虫吗?"

"!"

有人问，你在做孩子的朋友?

我说："不，我是孩子的父亲。"

爸爸不是好孩子

(1) 爸爸很随便

"宝贝儿，来，让爸爸亲一个！"

"不！爸爸你怎么能随便对一个女孩子提这样的要求！"

"……妞妞，你，你长大了……"

(2) 爸爸不是好孩子

回家上楼时拎了重物，累得我大口喘气。

"爸爸，东西沉吗？"

"不沉。"我当时还天真地以为妞妞同学是要帮助我拿东西呢，心理乐滋滋的。

"不沉你怎么出汗了啊？"

当时真不知道该怎么回答她，所以，就只"嗯"了一声，算是回应了。

"爸爸，你不说你很强壮吗？"

"爸爸当然强壮了！"

"老师说，骗人不是好孩子！"

"老师说得对。你看，爸爸也一直是个诚实的孩子！"

"你又骗人！"

"嗯?"

"你都多大了,还说自己是孩子!"

"这……"

我和妞妞完全不在一个频道上!

说实话,我真的希望自己还只是个孩子。哪怕再过几十年,我依然不想长大。我想淘气,想撒娇,想一辈子都能直白地表达好恶,跟喜欢的人在一起生活……呵呵,我想的好像太美了!

在妞妞眼中,我必然是大人。因为年龄确实不小了,而且作为她的父亲,生活中的我还是比她思考问题更深入些的。成年人的工作主调还是应当做些成年人该做的事情,总不靠谱,难免会逐渐失去信任,进而多了距离。

身份是一种责任。作为"父亲",我有照顾子女,帮助子女健康快乐成长的责任;而在父母面前,又是一个成年的子女,我有照顾我父母的责任。如果,在父母面前不像"子女",在子女面前又不像"父母",偶尔为之可能会成为生活的调味品,但总是如此,这个人的生活恐怕是灰暗的。

当然每个人总会有很多身份,身份是一种责任。我除了是"父亲""儿子",还是"丈夫""女婿""教师""同事""朋友""公民""消费者"……若每个人都能明确自己不同身份的责任,做好相应的工作,这世界一定会更加美好!

《鹿王》

"不喜欢你了"

一次，妞妞犯错了，我和她妈妈都说要教训她一下，孩子听了，屁股一撅，"大屁股朝天，一人半边儿……"哎呀，不在乎是吧，两边我都包圆儿了！

"妞妞，你再调皮，爸爸可真动手了——"

"来吧，我准备好了。"

"让你调皮！"说着，我照她的小屁股给了一巴掌。

"哈哈，真好玩儿，再来！"

"啪！"我加了点力气。

"再来啊！"

"啪！"这次我真用上了力。

"呜呜……"

"你还真下得去手啊！"耳边响起了妻子责怪的声音。

本来我是没打算真打她的，只轻轻拍一下屁屁，算是提醒，下次注意了就好。哪想到，她竟肆无忌惮地笑出声来，权当玩笑，还出言挑衅，眼看着"惩罚"变成"奖励"了，下

次还不主动犯错误啊。

犯了错，自然要承担责任。可如果惩罚太轻，如同儿戏，估计就没有人把犯错误当回事儿了。心智不够成熟的，甚至还会以为你喜欢他这种跟你交往的方式，变本加厉地犯错。等你觉得这样不对，要加重惩罚时，他开始反应强烈，不依不饶。"咱们关系这么好，你怎么能真动手！""以前我这样做，你都没什么反应，这次是怎么了？"甚至可能会出现"绝交"的情况。我的女儿当时就说，"坏爸爸，不喜欢你了！"然后转身投向了妈妈的怀抱。

两个都要发动"惩罚"行为的家长之所以会被孩子区别对待，无非是谁真的动了手，谁又在孩子"委屈"时，第一时间站出来"抚慰"。

还是先不说区别对待的事情了。说实话，如果没有那句"爸爸，再来！"和太过肆意的笑声，我再次出手时绝对会轻些的。倒是应了那句话，无知者无畏，无畏者遭罪。

我觉得，对犯错误的人还是要惩戒的。只是惩戒的尺度是该依教育目的科学制定才好，不可随情绪胡乱施惩，否则必是：孩子挨了打，我遭了埋怨。

不知怎么，我竟突然想讲一讲《新卖火柴的小女孩》的故事：

天气依然很冷，依然下着雪，天也快黑了，可怜的小女孩儿又冷又饿，她一边哆哆嗦嗦地向前走着，一边还大声地向周围的人群兜售火柴。可是，没人买她的火柴。

她的一双小手几乎僵硬了，啊！哪怕一根小小的火柴也能给她点温暖。她鼓起勇气取出一根火柴想要擦燃——

"住手！你干什么?"没想到，小女孩儿的行为被一个陌生的彪形大汉喝止了。

"叔叔，我太冷了，想要划一根火柴来取暖。"女孩儿怯生生地回答着。

"不行，你最好给我离这儿远远的！"彪形大汉无情地驱赶她。

"叔叔，您买盒火柴吧！"瘦弱的小女孩儿温柔地请求道。

"我不需要，你快给我滚！"彪形大汉粗鲁地回应道，小女孩儿不知道大汉为何态度愈发恶劣起来。

"你快走吧，别不识好歹！"不知从何时开始，旁边竟围过来好多人，但没有人替小女孩儿说话，当然也没有人买小女孩儿的火柴。

"世上怎么会有你们这样残忍且粗鲁的人呢！"小女孩儿委屈地哭了，并终于再次鼓起勇气，边走边发泄出内心的不满。

"快走快走，别在这里废话！"就这样，卖火柴的小女孩儿被残忍地赶出了加油站。

宝贝儿，你犯错在先，就像那个卖火柴的小女孩，爸爸犯错在后，就像那个粗鲁无情的彪形大汉，都该检讨一下。

下不为例吧！

妞妞不爱吃苹果

（1）妞妞不爱吃苹果

"爸爸，你给我唱一个《小苹果》吧……"

"好的，爸爸给你唱一个二人转版的《小苹果》，你是我的小啊，小苹果……"

"爸爸，你唱得好难听啊，我以后都不想吃苹果啦！"

"……"

（2）二人转 VS 忘情水

"爸爸，你唱的什么歌啊？"

"二人转版的忘情水！"

"爸爸，你唱的真有意思，你再给我唱一遍呗……"

"好的，曾经年少爱追梦……"

"你给孩子唱的什么啊？"一位路过的同事问。

"二人转版的忘情水！"

"叔叔，我最喜欢这首歌了，我也会唱……曾经那个年少啊，爱追梦啊……"

"大宝，你真行，孩子

到现在还没学会《小燕子》，二人转倒是张嘴就来！"

"……"

我曾听过有人说，一个团队中多数人不努力工作，那这个团队将迎来灾难。我觉得这还好吧，如果是这个团队中的所有人都很努力，却又都很愚蠢，那才是灾难呢！试想，每个人，或者只是关键环节的某一个人，每天都在认认真真地犯错误，而且努力的不得了，不是灾难是什么。

我是一个很努力工作的人，从不停变换歌唱方式就不难看出，我是多么希望孩子能获得较好的音乐熏陶。只是我的音乐才华比不上我的野心，孩子最终得到的可能只是哈哈一笑，音乐素养啥的，基本被我毁灭了吧。

其实，我也决不想成为一个愚蠢工作的人，如果说世界上有使人聪明的药水，我愿意倾尽家财，给自己灌个水饱。

可惜，没有这样的药水。

就算有药水，我的愚蠢恐怕也已经到了晚期，不好施治了。还好妞妞还小，中我的毒也不深，尚可挽救。

为了妞妞能真正学会《小燕子》，我决定收敛心性，让孩子远离我身上的"艺术病菌"。

妞妞的超轻黏土作品《苹果加尔》

垃圾回收员

妞妞总是收集各种各样"新奇"的东西，如小药瓶、吸管、小卡片、树叶、纽扣、彩线、小布条等。哪怕他们是别人扔掉的垃圾，她也不在乎，

一并收集在她的玩具箱里，视为珍宝。

而我们为她花"高价"购买的玩具，有的她竟连看都很少看一眼。出于所谓审美方面的考虑，当然也有卫生安全方面的担心，我会时常偷偷对她的一些"脏""乱""差"的收藏进行处理。

有时，因为不小心，我的"恶行"会被妞妞同学发现，"战争"也会随之一触即发。

"爸爸，是不是你把我的羽毛扔进垃圾桶里了?!"

"嗯……"

"你怎么这么讨厌呢!"

"妞妞，那些东西不美观，你留着干什么啊?"

"怎么不美观了，你才不美观呢!"她一边说着，一边竟又从垃圾桶里把小羽毛拾了回来。

"妞妞! 那个都已经脏了，不能再拿了。"

"怎么不能拿，我洗干净了不就行了嘛！"

"洗什么洗啊，改天爸爸给你找一个更好看的，这个还是不要了，啊！"

"不行！你给我洗。"

"我给你洗，为什么？"

"谁让你给我扔掉的，就得你洗！"

"好吧。"我看妞妞真的生气了，只好答应，可随后又发现了新问题。

"妞妞，这个瓶盖怎么回事儿？"

"我捡羽毛的时候，看见这个瓶盖儿挺漂亮的……"

"那个瓶盖儿，我可不洗，你自己洗吧。"

"你都让我生气了，就得你洗。"

"算是赔罪?!"

"对!"

"那要不是我把你的羽毛扔进垃圾桶，你还看不到这个瓶盖呢，爸爸明明有功，应该奖励啊！"我故意这么说，想看看妞妞的反应。

"好吧，瓶盖儿我自己洗，羽毛还是你洗。以后不许你随便扔我的东西。"

"好吧。"

"咦……爸爸，这个小石头也是你扔的吧?!"

"呵呵，石头爸爸也帮你洗干净啊……"

"你怎么总是随便扔我的东西……"

嗨，爸爸错了！

妞妞的陶瓷作品《宝葫芦》

177

爸爸不听话

妞妞今天让我讲一个"爸爸不听话"的故事。

我就讲了，前天拒绝为她摘星星，昨天拒绝替她喂画中小鸟，今天又拒绝带她一起徒步去美国等要求的故事。妞妞觉得很有趣，又要求我再讲一个"妞妞不听话的故事"，我就讲了她生活中的种种调皮、任性。结果，她生气不理我了！

嗨，女人的话（包括小女生的话）不能全信啊！

男人在与女人的口舌之争中始终处于弱者的地位。因为女人往往偏情绪，男人偏理性，而家庭内部却是讲情感的地方。吵架时，如果女方胜出，亏点儿理性，但家还在；若是男方胜了，理在，但家庭关系恐怕就不太和谐了。

关于"女人往往偏情绪，男人偏理性"的说法，我只是大体推断，不是绝对准确。望能理解笔者意图，总之，家和万事兴。

希望有家的朋友都能处理好家庭内部"情绪"与"理智"的关系。

妞妞是一个有报复心的小朋友——

妞妞同学，你一定要把我塑造成"乱丢东西""语言粗暴"的人吗?!

《爸爸的手表》

178

猜谜语

　　我平时很喜欢跟妞妞猜谜语，因为这个游戏能促使孩子更多地关注事物的特质，提升其观察能力和理解能力。可怕的是，妞妞一旦来了兴致就会没完没了，有时谜语书猜完了，就会逼着我现编一些谜题。

　　"四四方方一个柜，各种衣服往里堆——"

　　"不知道……"

　　"旧衣柜。"

　　"……爸爸，这个（谜语）书上没有啊！"

　　"爸爸现编的------"

　　"啊……那，小球不大，能装天下——"妞妞竟然也快速编了一个谜题出来。

　　"地球仪。"

"对了!"

"……小孩儿不大,总爱找人说说话——"

"这不是我吗?!"

"对啊,就是你这个爱说话又黏人的小妞妞啊。"

"那……名叫'大宝'又是'大灰狼',总是对我发脾气,还爱喝酒……"

"别说了,是我!"

"对了!"

"妞妞,咱们换个游戏玩吧。"

孩子最初是模仿家长说话、做事的,所以说家长是孩子的一面镜子。

从妞妞的谜题看,我没能做个好榜样,就连尽"为人父"的责任都有些不及格。

我不能让孩子每天生活在不现实的童话世界里,也不想让孩子生活在糟糕的现实中。家庭可能是孩子最先接触,也是其此时接触最多的现实,我就努力把这现实变得理想化一些吧。

《一家人》

谁啊？咋地了？

"妞妞，别玩儿了，该吃饭了。记得先去洗一下手……"

"谁啊？"

"说你呢，还谁啊！"

"咋地了？"

"吃饭，洗手！"

"谁啊？"

"你说谁啊？！别磨叽了，快点儿……"

"咋地了？"

我记得"谁啊？""咋地了？"是综艺节目《笑傲江湖》中传出来的搞笑台词。剧场笑果很不错，以至于很多孩子都记住了。妞妞没看过《笑傲江湖》，她甚至都很少看电视，这定是与小伙伴儿玩耍时学来的。

平时不觉得怎么样，也许是因为自己是"受害者"的缘故，此时竟觉得这两句台词极其惹人讨厌！

这使我想起了愚人节的恶作剧。我很少过愚人节，觉得恶作剧很容易做过头儿，而且无论你与被整蛊的人关系多要好，"恶"有

181

多小，毕竟是在做"恶"，以讨自己开心。

愚人节的"公约"中要求被整蛊者不得生气，所以，被整蛊的人们，无论是真生气的，还是修养较好的、不放在心上的，大多都只是"一笑置之"，就过去了。

也有酿成悲剧收场，过不去的。有人在愚人节扮鬼整蛊自己的女友，结果女友真的被吓到，直接跑出家门。却不料，她因被吓得意识模糊，飞奔过马路时被疾驰的卡车撞飞……

好好的生活，为什么要恶作剧呢？

"臭妞妞，看你还敢调皮！"说着，我照妞妞的小屁股打了一巴掌。

"打我干什么?!"妞妞有些不高兴了。

"谁啊?"

"你!"

"咋地了?"

"你讨厌！呜呜……"

你看，刚才还在恶搞别人，现在被恶搞了，马上翻脸。

何苦呢!

《花》

"2" 不好看

(1) "2" 不好看

"妞妞，你都知道：1+1=2，为什么不写呢？"

"'2' 长得不好看！"

"……"

真理和情绪决斗，很多人选择了情绪。

妞妞很小的时候，写作业时并不在乎答案，只在乎情绪。经过一番引导，改正了，但写作业时还是有些走神儿，以至于做事慢，条理性差。为此，我没少跟她"斗争"。

(2) 吧唧嘴吃饭就是香

"妞妞，不是说了嘛，吃饭不能吧唧嘴！"

"爸爸，我同桌昨天吃饭还吧唧嘴呢！"

"那是他不对，不能跟他学……"

"我当时告诉他，吃饭不能吧唧嘴，结果，他看着我边吧唧嘴边吃饭，还说这样吃饭香，我也想试试……"

"……"

"好像是香了点儿！"

"妞妞，吃饭吧唧嘴是一种不文明的行为，你要停止。"

"多好玩儿啊……"

妞妞因为我的态度也有些不高兴了，但还是一

183

边回我的话，一边吧唧嘴。

　　有时，我也想算了，还是个孩子，但坏习惯一旦养成就不好改了。所以，还是狠下心来要管一管。久而久之，我就成了妞妞心中的"恶人"。

《爸爸看电视》

多么不懂事儿的爸爸，多么简单粗暴的小朋友啊！

　　"爸爸看电视：今天晚上，爸爸打开电视看了起来，我被爸爸吵醒了，我就打了他一拳，爸爸被我一拳打倒！"

　　其实，我在家里多数是只用电脑，不看电视的。家里的电视是为妞妞看动画片配的，所以，我只是偶尔陪她看动画片时才会坐在电视机旁。显然，妞妞的这幅画是在表达对我的不满情绪。

　　孩子，爸爸会努力改进自己的教育行为的。希望你长大一点儿后，能多少理解一下爸爸现在的做法。爸爸之所以"恶"，是希望你能"善"。

反七步诗

煮豆燃豆萁，

豆熟萁已灰。

熟者席上珍，

灰作田中肥。

不为父女情，

缘何甘自毁？

　　孩子，等你长大了，希望你能明白：不要因为好奇，去做错误的事情。更不要因为情绪，坚持在错误的路上行走。

长得像爸爸

1.长得像爸爸（1）

"爸爸，女儿都长得像爸爸吗?"

"来，咱俩照照镜子，你看像不像?"

"爸爸，你去美个容吧，这样我就能变漂亮了!"

"?"

2.长得像爸爸（2）

"爸爸，妈妈为什么要和你结婚啊?"

"因为爸爸好呗!"

"可你长得不好看啊!"

"妞妞，你要知道，你长得很像爸爸哟……"

"不，我要努力长得像妈妈!"

"!"

3.长得像爸爸（3）

"爸爸，以前小朋友都说我长得像妈妈。"

"对啊!"

"今天你来接我，他们又说我长得像爸爸!"

"也对，咱仨长得都像!"

"不是，他们说我长得像妈妈，肤色长得像爸爸。"

"……"

最初，在孩子心中父母都是一样的，哪有什么美丑、贫富、知名与不知名的区别,后来渐渐地开始在意，包括我接触的很多高中生也是如此。是什么让孩子变了样? 我觉得是社会的责任吧。

说实话，我把生活想得很美，包括自己的长相，但现实一直在打我的脸。脸长得难看不说，且属病态肤色，又黑又黄。妞妞在这方面比较早熟，她一直在意我的长相，近来又开始嫌弃我的肤色。五官备受女儿质疑，且已经无再改良之可能，只能在三观上多努力了。

有很长一段时间，妞妞喜欢跟我玩龟兔赛跑的游戏。起初，我以为是因为故事里的乌龟是最后的赢家，所以，她总是扮乌龟，我则一直扮演喜欢睡大觉的兔子。后来我发现，妞妞喜欢扮乌龟，是因为在她眼中乌龟的形象萌萌哒，而且还很聪明，有毅力。她后来还养过两只乌龟，只是没活多久。多数中国人总是把乌龟同人格受辱联系在一起，日本人则喜欢将乌龟同长寿联系在一起。而无论哪种意识，都会在我们的生活中起到引导作用。

生活对人的审美教育总是在生活环境中潜移默化地进行着，父母、老师、同学、伙伴等的影响，尤其重大。妞妞小时候妈妈带的较多，且周围人一直说，"看，这小孩长得多像妈妈，真好看!"

妻子又时常口无遮拦地指着我对孩子说，"看，你爸爸长得多难看！"孩子一直认为妈妈美，都是周围人的评价给孩子留下的深刻印象。这种印象对我的影响同样也是深刻的，孩子始终不愿意承认长得像我。甚至，有时会有意疏远我一下。妻子总是对此不以为然，而我多少有些不愉快吧。

所以，告诫大家：慎言啊，深思啊。我的亲们！

过期啤酒

（1）过期啤酒

　　刚要打开一罐刚买的外国啤酒，无意中看见建厂时间，随口说了一句"快300年了……"

　　"爸爸，啤酒过期了吗？"

　　"没有……"

　　"都300年了，还没过期啊！"

　　"……"

（2）庆祝抗战胜利70周年

　　"爸爸，你为什么喝酒啊？"

　　"爸爸是庆祝抗战胜利70周年才喝的酒。"

　　"哦，你昨天醉酒是因为记错日子了吗？"

　　"嗯，是的……"

"我不信!"

"……"

③ 酒好喝吗

"爸爸,酒好喝吗?"

"好喝啊!"

"那我想喝一点儿。"

"你还小,不能喝!"

"要是喝了呢?"

"对身体不好,还会醉——"

"是不是身上会有难闻的味儿,嘴里往出吐脏东西,睡觉时还打呼噜啊?"

"嗯……爸爸以后少喝。"

有些人的酒品是"很好的",如被劝酒时从不拒绝别人,醉酒时又很"真诚",而我的酒品属于"优秀"级别。

我被劝酒时也很少拒绝别人,而且与"酒友"对饮从不掺假,但醉酒后总有惊人之举。别人酒后能吐"真言",我则能龇出"象牙"来……

现在很多领导喜欢让人加班,不是在办公室,而是在酒桌上。很多白天不好谈的工作都在酒桌上谈,尤其平时接触少的同事,几杯酒落肚,压力释放了,心情轻松了,感觉彼此也亲近了,领导的"工作"也就开始了。

交流的目的是使人向好,但如果言谈中伤害了彼此的情感,或伤及某人自尊心的话,是无论如何也无法达到"向好"目的的。生活中,我就是一个真性情的人,总觉得做人做事就得求"真",所以,说话办事总是直来直去,效率第一。当然,"直来直去"并不能真的换来高效率,因为人是有感情的动物,凡事太直来直去了,有时反而因为伤了某人的感情而变得适得其反了。

189

　　酒这种饮品，是能够放大人的"真性情"的。每逢酒局，有人总是能找出些轻松话题让大家欢乐，边畅谈、边畅饮，越聊越轻松。而平时思考就很少受束缚的我，在酒精的作用下，言辞往往更加任意驰骋了。"幻想的美好世界＋更加直率地表达"，像是一个没长大的孩子在口无遮拦地胡扯幼稚人生。如果说他们提供的话题是下酒的小菜，是生活的调味料，那我所论及的大概就只能用"象牙"来形容了。

　　总之，敢请我喝酒的人都是勇士。因为甚少弄假，自然要费些酒水。更主要的，酒后多数人喜欢礼节上相互恭维一番，这方面我又木讷了些。恭维我的，我会全盘接受，轮到我"恭维"时，往往黔驴技穷，差了些层次。加之我又拿不出听众喝酒时需要的梗，就更多了点尴尬。

　　有些人愿意听我胡扯，这些人都是不嫌弃我的朋友。为友谊干杯！

《全家福》

　　妞妞这幅《全家福》画得非常棒，她巧妙地表现了我们每个人的特质，例如，我的典型特征：爱喝"雪花"牌"矿泉水"……

爸爸的反应有时差

（1）爸爸的反应有时差

"爸爸，你理发了？"

《黑暗时刻》

"是啊，怎么样？"

"感觉别扭……"

"确实没理好，她给我前边剪掉块肉！"（我一边照镜子，一边跟她说着。）

"剪掉块肉，不疼啊?!"

"哈哈……不是那样的，我回来才发现——"

"回来才发现，那得多长时间了……这反应，有时差啊！"

"……"

妞妞在说最后一句话时，竟然还无奈地摇了摇头，一副很失望的样子。看来，我这次的形象又在她那里得了负分。

（2）鸦片

"爸爸，鸦片是什么啊？"

"鸦片？它是一种毒品，吸食它对身体会造成极大的伤害……"

"……对身体有害，为什么还吸啊？"

咦，教育的契机转瞬即逝——

　　"……那是因为有些人只为贪图一时的快乐，而不惜伤害自身的健康——"

　　"什么意思?"

　　"……嗯，就像妞妞明知道多吃糖会坏牙齿，还要吃!"

　　"……那喝酒对身体不好，爸爸怎么还要喝呢!"

　　"!"

那一刻，太 low 了。

好吧，爸爸说不过你!

"免费"

一天开车行驶在回家的路上，听到一家店铺在播放促销广告。

"……欢迎新老顾客进店选购，进店免费赠擀面杖……"

"爸爸，'擀面杖'是什么啊？"

"就是姥姥给你做饼时，擀面饼的小木棒。"

"赠那个干什么啊？"

"是啊，我也奇怪，这是什么店啊，怎么还赠擀面杖呢？也没说赠多少钱的。"

"我都听见了——'免费'。"

"是，'免费赠'。但是赠多少钱的呢？"

"不都说了'免费'嘛。"

"可是，他们赠的'擀面杖'价值多少钱啊？"

"嗨，免费，免费，得说多少遍啊！"

"……好，这回爸爸听清楚了。谢谢妞妞！"

"爸爸，跟你说话真是费事儿啊！"

"怎么，嫌弃爸爸了？"

"有点儿……"

与夏天对话

"妞妞，你能说出爸爸的三个优点吗？"

"嗯，我想想——"

"这还用想啊，那不张嘴就来。"

"嗯，爸爸爱上班，爱玩儿电脑，爱睡觉。"

"这哪里是优点啊！"

"这（说的）不就是你嘛！"

"好吧，你能说出妈妈的三个优点吗？"

"美、美、美！"

你妈妈给了你多少好处啊！

我和妞妞的思路经常不在同一频道，这大概与我的语言能力和思维习惯有关，抑或是我平时的"不在意"所致。

"爸爸，陪我读会儿书吧。"

"妞妞，你认字了，自己阅读吧。"

"可是我想让你给我读。"

"爸爸还有事儿呢，听话，自己读。"

"那你忙完了陪我玩会儿呗！"

"好。等爸爸忙完了，给你讲故事。"

"嗯！"

等我忙完了，妞妞已经没有了之前的兴致。

《孤独的鸟》

"认点儿真"

"爸爸，再给我讲一个故事吧……"

"妞妞，早点儿睡吧。爸爸也累了，一会儿还得工作呢！"

"爸爸，这么晚了，你还工作啊？"

"是啊。"

"那你白天不是在单位工作了吗？"

"对啊，爸爸任务多，白天没做完，晚上再加个班儿，明白吗？"

"你就是像我白天的时候写作业不认真，做错好多题，被老师罚写，到点儿了也写不完一样呗？"

"……好像……差不多。"

"那你以后白天认点儿真不就完了嘛！"

"……好。爸爸听你的，以后工作'认点儿真'！你做作业也得'认点儿真'哦。"

"嗯，爸爸晚安！"

"晚安，宝贝！"

孩子的话让我有些脸红。我真的有那么多的工作吗？我真的需要像现在这样忙到半夜才能完成任务吗？

未必！

我看见一些学生在学习上就是如此，他们巧妙地回避了真正需要解决的问题，不停地磨洋工、重复劳动，做着对事情结果没有实质影响的事情。甚至整个过程都漫不经心，一会儿玩，一会儿学，边学边玩儿，边玩儿边学。

一些成年人也有用忙碌的假象来偷懒的习惯。他们看似忙碌、辛苦，可实际上只不过是在耗费时间，不分主次地做一些无关紧要，甚至画蛇添足的工作。

在哲学上，强调主观能动性，强调具体问题具体分析，尤其要善于抓住问题的关键点。之前的我，恐怕也只是"低质量的勤奋"吧。

作为过来人，我建议：

1.专注做事。学的时候拼命学，玩儿的时候，尽情地玩儿。

2.审视自己。如果你不快乐或不顺利，那定是你方法错了。

3.学会统筹。把要完成的任务按重要性从高到低排序去做。

这很哲学，也很生活。

《南瓜灯美女》

196

爸爸很笨（1）

"爸爸，今天你帮我把轮滑鞋拿回来呗。"

"拿回来干（做）什么？"

"我在家玩儿啊。"

"家里不能滑，地板不都得划坏了嘛！"

"嗨，你可真笨，我说的是到楼下广场去滑。"

"哦，好吧。以后不许说我笨！"

"为什么啊？"她歪着脑袋，眨着大眼睛，似乎在说，你本来就笨嘛！

"……你要是说我笨，我就不帮你拿轮滑鞋了。"

"好吧。但如果你忘记拿了，就是'笨'。"

"！"

结果当天，我真的忘记拿了。妞妞小朋友很生气，一直跟在我身后对我说，"你真笨！"

我是很希望孩子多进行一些体育运动的，原因有三：

一、锻炼身体，提升素质。这不仅是身体素质的问题，更包括心理素质、思想品德等内容。因为，我印象中就没听说哪位运动员

得心理疾病的案例，而且凡是在合作项目中真正值得信赖的运动员，多是品德高尚的人。

二、提升身体的协调能力。运动的美感有很多具体内容，协调之美、节奏之美，有些运动还能给运动员带来形体之美、健康之美、思维之美等。

三、寻找和培养终身受益的兴趣爱好。有一技在身，可以增加生活情趣，也可能会因此而广交朋友。其实，我的个人爱好就不少，篮球、羽毛球、桌球、中国象棋、桥牌等，我从运动中也得到了很多乐趣。

所以，从内心来说，我希望妞妞能从某项运动中找到伙伴，并成为始终健康的、快乐的人。

爸爸很笨（2）

我的学生有时会在周末到学校自习，作为班主任总是不自觉地想要监督他们在学习时是否有走神儿的情况，偶尔妞妞会陪我一起去突击检查。因为怕妞妞会引起额外的关注，所以

我都会要求她在楼梯口等我，但有几次她还是偷偷进入了班级，她也因此发现了几个我不曾注意到的问题，甚至她还对我提出了"批评"。

"爸爸，你的学生是一边吃零食，一边学习吗？"

"不是啊。"我当时的第一反应是：她又馋嘴了！

"那为什么大姐姐的脚下都是食品袋啊？"

"这——是哪位姐姐？"

"我又不认识她。"

"那，她坐在哪个位置？"我想妞妞肯定能记住"大姐姐"的具体位置，而知道位置就等于抓到了"罪犯"，真相只有一个，我已经迫不及待了。

"不是哪个位置，是教室里好多地方都有垃圾呀！"

"真的吗？"问题好像没那么简单啊！

"你没看见?"

"爸爸光注意她们做什么题了,看什么书了。"

"你就是没认真看呗。"

"对,是爸爸疏忽了,爸爸改天一定批评她们。"

"你不认真,为什么要批评她们呢?"

"爸爸不认真是不对的,但她们没养成好习惯,不爱护教室卫生也是要批评的。"

"爸爸,你不能让她们一边吃零食,一边学习。我们王老师都是让我们在规定时间吃东西,完了自己把垃圾扔掉,教室里可干净了!"

是啊,小学三年级的小朋友都能做好的事情,为什么高中生却没做好呢,应该是制度的问题,与管理者思考不到位、要求不严格也密切相关。

"爸爸,你们的教室为什么这么小啊?"

"小吗?"

"小,我们的教室很大。"

妞妞的班级我是去过的,不是很大,但人数少、桌椅小,所以看起来很大。

"那是因为爸爸班级的学生多,桌椅比你们的大一些的原因吧。"

"为什么要用大桌椅啊,我在你们教室坐过,可不舒服啦!"

"大了、小了都不好,合适才好。你还小,用大桌椅的话,上面够不到桌面,下面脚挨不着地,当然不舒服了。同样道理,爸爸的学生都是高中生,如果用

《花香引蝶》

你们那种小桌椅，就得佝偻着，也会不舒服的。"我一边跟她解释，一边用肢体表现着。

"爸爸，你刚才像只大虫子！"

"是不是很难看？"

"嗯！"

"所以，为了大哥哥和大姐姐们能够身体健康，还得用大的桌椅。"

"可是过道不是会很窄吗？"

"观察很仔细，思考问题很深刻！那怎么办呢？"

"那教室大一点儿不就好了嘛！"

"你说得对——"

"爸爸，你当初怎么不选一个大教室呢？"

"！"

"参"字有几个读音

"爸爸，你知道'参'字有几个读音吗？"

"知道。首先它念'shēn'，'人参'的'shēn'；其次它还念'cān'，'参加'的'cān'。"

"还有呢？"

"还有?!"

"它还念'cēn'，'参差不齐'的'cēn'!"

"对啊，爸爸怎么把它忘了，妞妞真棒。"

"这是老师教的……你的老师没教你吗？"

"哦，教了，但太长时间了，爸爸给忘了。你一定要记住它，认真跟老师学，别像爸爸一样。"

妞妞学会了好多东西，在一天天长大，而我却在孩子的眼中变得越来越"幼稚"。我会的东西已经难以满足她对知识的渴求，而且本来熟知的东西正开始逐渐变得陌生，甚至完全忘了个干净。

说来也奇怪，平时我也是会教妞妞一些东西的，但学习效果一般。方法是一方面，我觉得还可能存在着"爸爸""老师"的角色差异问题。

正所谓，秒针不知疲倦地走，一圈60秒，分针动一下。同样的教育活动，不同人施教，效果往往不同。

　　作为父亲，我是可以给孩子做思想和知识的启蒙教育的。但知识教学的专业性很强，等到了相应阶段，就必须需要专业的教育工作者才行。即使我是一名高中教师，面对小学的教学工作，我依然不够"专业"。

　　生活中的很多同事，都发出过"自己的刀削不了自己的把"的感慨，大意说的正是，很多名师在教育自己家子女时，往往以失败告终。

　　我教授妞妞知识时，我一会儿是"爸爸"，一会儿是"老师"，而妞妞也既是"女儿"，又是"学生"，我总是在教育过程中辛苦地变换着角色，后来却发现，在妞妞眼里，我的身份很单一，就是"爸爸"。

　　此时，问题就出现了，首先，在教学过程中教育者的角色身份不稳定，进而导致与受教育者的教学互动无法持续。孩子在这种教学活动中很难感受到知识教学的科学性和严谨性，易导致形成不良学习习惯。

　　我也是做教师的，经常会有家长对我说，"老师，我家孩子特别崇拜您，您帮我劝劝他，将来报考XXX学校呗。""老师，我家

那个小祖宗总跟我对着干，我一说话他就急眼，您得多费心啊！"我想这些家长大概正经历着"扮演老师"失败后，进而连"爸爸""妈妈"的角色能力都受到孩子质疑的苦恼吧。

与夏天对话

当妞妞问我"参"字读音时，若是不懂装懂，自然会让孩子嘲笑。倘若直接来个一问三不知，恐怕今后与孩子沟通上也会出问题。

怎么办？

想了很久，我给自己做了个简单的定位。

一、在自己的专项领域尽可能做得更好，为孩子树立学习和做事情的榜样。

二、人文知识方面要不断提升，且学而时习之，争取与孩子共同成长、进步。

三、做事情上，和孩子一道践行"严谨""进取"的精神。

四、引导孩子"善于助人""善于求助"。生活中没有人是万能的，但某一领域总有能人，找对老师，往往事半功倍。

妞妞脚疼

"爸爸，我脚疼！"

"脚受伤了？"

"嗯！"

"爸爸看一下……什么时候伤的？"

"不知道。"

"怎么会不知道呢，什么时候开始疼的？"

"刚刚。"

"？"

"之前没疼，就刚刚才觉得疼了。"

"是不是没人陪你玩儿，才觉出疼来了，要是有人陪你玩儿，估计你还不觉得疼吧？"

"有可能。"

"那爸爸陪你玩一会儿。"

"那你为什么不帮我先包好呢？"

"！"

嗨，在我这个粗心的爸爸的看护下，孩子不受伤才怪。

孩子脚受伤，之前不觉得疼痛，是因为有开心的事情分散了孩子的注意力。可当她已经注意到了伤口，疼痛的感觉往往会"加剧"，想再用先前分散注意力的方法减轻痛苦，已经很难实现了。

以前，有人曾说过我"太能忍"，身体生病了，忍着；工作任务多，硬抗。"一场风雨过后，宝爷的身体竟脆弱得不如一条小虫。'让下一场暴风雨来得更猛烈些吧！'他之所以如此说，大概是怕别人评说，'他是被一场很小的毛毛雨夺走了生命吧。'"这段当初的对话文字算是一种佐证吧。我因此也习惯性地要求孩子坚强，孩子却也因此少了些我能给予的爱护。

相比之下，妞妞倒是一个有心的孩子。她每每为我们准备食品或礼物时总会在旁边备上一张小纸条，写上些温暖的话。

我该向妞妞好好学习。

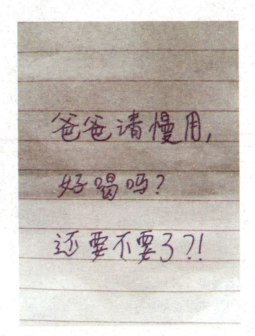

妞妞为我送热牛奶时留下的便笺

206

闯黄灯

"爸爸，你违章了!"

"没有啊。"

"你刚才明明闯黄灯了!"

"没有吧，再说闯黄灯不算违章。"

"'红灯停、绿灯行，黄灯看看。'你刚才'看看'了吗?"

"爸爸'看看'了，确认安全后，爸爸才走的。"

"可我怎么感觉你没看呢?"

"爸爸看了，没骗你。"

"可你的头怎么没动啊?"

"车上有后视镜和倒车镜，爸爸只要转转眼珠，或者稍微转动一下头就能看清楚四周是否安全。"

"啊，是高科技吧?"

"嗯，就跟你平时照镜子差不多。它利用的是光学知识——"

"然后呢?"

"嗯——你以后要好好学习光学知识的高科技!"

妞妞减肥

"爸爸，我给你跳个'肚皮舞'啊？"

"你还会跳'肚皮舞'？"

"当然了，你看是不是这样的？"说着，她就撩开小 T 恤，漏出小肚皮扭动起来。

"这是'肚皮舞'啊?!"

"对啊，我从电视里学的。我跳得不好吗？"

"好！就是你太瘦了，跳肚皮舞得有肚子吧。"

"我才不要大肚皮呢！"

"大肚皮？"

"她们说胖不好看，所以我还得减肥呢！"

语言好跳跃啊！

"你才七岁，减什么肥啊！"

"我的腿太粗了，XXX 的腿就可细了。"

"你这么瘦，再减肥就瘦成骷髅了！"

"骷髅，骷髅是什么？"

"就是骨头！"

"我有骨头啊。"

又跑偏了！

"我是形容你若是减肥，以后脸上都没有肉，多难看啊！"

"会难看吗?"

"会!"

"只要不影响长高就行。"

"减肥的话……当然身高也减了，会变成小矮个儿！"

"你骗人!"

是你的肚皮舞先骗人的!

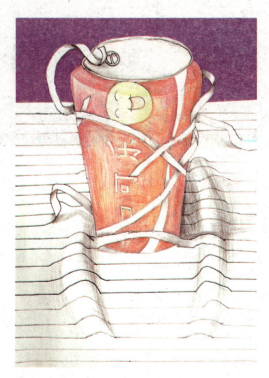

《可乐》

爸爸减肥

"爸爸，你减肥了？"

"没有啊。"

"你的肌肉怎么没有了？"

"爸爸藏起来了，你看爸爸只要一用力，肌肉就又回来了。"

"哦！爸爸，你再用力，我看看你的肌肉大不大。"

"胳膊上的？"

"对啊，不然你身上还哪里有肌肉啊？"

"哼，爸爸浑身都是肌肉！"

"那我摸摸看。"

"妞妞，那是爸爸的膝盖。"

"啊，我怎么傻了，看到这里鼓鼓的，我还以为是肌肉呢！"

　　嗨，你也用这种看似傻傻的行为，聪明地揭露了爸爸的谎言。我并非"浑身都是肌肉"，请放开我的膝盖。

210

黑 白

《生日快乐》

("生日快乐"几个字是我涂红的,确实破坏了原图的美感。)

"妞妞,这幅画怎么没涂颜色呢?"

"那张画是不涂颜色的。"

"爸爸觉得还是有颜色好看些,有时间把它涂上(颜色)吧。"

"不,这幅画就是黑白的。"

"可你不觉得只是黑色太单调了吗?"

"才不是呢,老师说这样就很好啊!"

"哦,可爸爸怎么觉得涂了颜色会更喜庆些呢?"

"那是你觉得……你们大人真是的,为什么要求我做成你们喜欢的样子!"

"！"

这话好有哲理啊。

成年人不明就里地要求孩子改变想法，做成人要求的样子，孩子不反抗才怪。再者，成年人说的如果当真不在理上，恐怕以后的建议更会被看轻了。

一个成年人会不会要求另一个成年人按照自己的想法做事情？当前者是后者的导师、领导等情况下，多半会的；但当前者与后者是关系一般的同事时，前者就不便直言，怕惹人不开心。成年人在孩子面前很容易就把自己当成导师级别的人物，但孩子却往往认为"你什么都不懂"！

在没有对错衡量的情况下，让孩子做自己喜欢的事情，她一定更开心。

各得其乐

吃晚饭时，妞妞要我过一会儿陪她下跳棋。

"爸爸，吃完饭，你陪我下一会儿跳棋呗？"

"好啊。"

"可以隔一个棋子跳，也可以隔两个棋子跳，行吗？"

"新规则啊，可以。"

"爸爸，你下跳棋是不是可厉害了？"

"爸爸下得很一般。"

"你下象棋是不是很厉害？"

"还行，比跳棋好很多。你还想学象棋？"

"不是，我就是问问。"

"你是不是想试试哪一方面能胜过我啊？"

"有点儿，但就是玩儿而已。"

"玩儿的同时如果能有好胜心、进取心，就会越下越好，进而挖掘出更多的快乐。"

"什么是'好胜心、进取心'？"

"就是不想输，努力提高自己的下棋水平。"

"你让我赢吗?"

"公平竞技,你得凭本事获胜。咱们带点奖励吧,我输了给你买好吃的,如果你输了,你要给爸爸捶背,好不好?"

"不行!"

"那我不跟你玩儿了!"

"我给你踩背吧。"

"不行,你上次一下子跳上来,爸爸都要被你踩死了!"

"哈哈,你是说我太沉了是吗?"

"你还笑,这一点儿也不好笑,你险些让爸爸受伤了,应该检讨反思的!"

"哦,那我就捶背吧。"

当天,我陪妞妞下了好几盘棋,而她也给我捶了好一会儿后背,真舒服啊!

《无题》

苍山牧云 洱海听雨

　　美国作家菲尔丁说："世界正在失去伟大的孩提王国，一旦失去这一王国，那就是真正的沉沦。"

西双版纳的小象们

（1）羊妞

一头小象为什么会叫"羊妞"呢？

第一，这头小象是在羊年出生的；第二，小象来到亚洲象种源繁育基地后，一直喝的都是羊奶；第三，小象是一头刚满月不久的小母象；第四，根据民间说法：名字越土越好养活。

"羊妞"为什么会出现在野象谷呢？

2015年8月17日，"羊妞"闯进普洱市思茅区思茅港镇橄榄坝村坝卡小组一户村民家中，曾一度让村民很是惊恐。当时，它只是一头出生才一个月的小象，身上创伤严重。得到消息后，野象谷立即集结1名医生、5名技术人员组成救助队，准备好车辆和救护笼、药品等救助所需物品，于第二天一早，前往坝卡寨开展救助工作。由于小象还处于哺乳期，却没有正处于哺乳期的母象，工作人员连夜折返100多公里，为小象找到了羊奶。经诊断，小象除了心率明显不齐、心脏跳动无力以外，脐带的伤口已化脓，导致腹腔因感染严重溃烂。基地又紧急从泰国请来两位医师为其进行了清创和消炎。

现在，"羊妞"到达野象谷快2个年头了，不仅体重增加了不

少，而且身体也逐渐好起来，最重要的是性格也发生了转变，从原来的小象变成了一个爱调皮的"小捣蛋"。它有一个"爱的小屋"，有两位"象爸爸"（专门照顾需要救助大象的工作人员）全天 24 小时照顾它，有 3 位悉心治疗它的"象医生"，还有 3 只全心给它下奶的"羊奶妈"，以及社会各界无数爱心人士送来的关心和帮助。

希望"羊妞"能健健康康地快乐成长。

（2）然然

英国剑桥公爵威廉王子在 2015 年到访中国的最后一天，选择进入西双版纳自然保护区内的村寨与村民互动交流，随后又进入野象谷内的中国野生亚洲象种源繁育基地，特意看望了不久前受伤后获救的一头小象，这头小象就是"然然"。

"然然"有一个不一样的故事。

2005 年 7 月，云南西双版纳野象谷景区工作人员在观象台下的河道里，发现一头左后腿被捕兽夹死死夹住的小象，它在离象群不远的河道边，不停地甩动着伤腿。这头约 3 岁的小象，如不及时取下铁夹，迟早丧命。

很快，当地野象谷一支由 81 人组成的营救小组进入野象谷，追踪象群。9 日 18 时 50 分，营救人员用麻醉枪准确射中了小象的臀部。19 时整，小象被麻醉倒地沉沉睡去，并发出沉重的鼾声。营救人员当机立断，迅速冲向倒地的小象，对其实施捆绑固定，取下兽夹之后将其拴在附近的一棵大树上，并对伤口进行紧急处理。

10日清晨，小象挣脱铁链，逃进了密林中。直到中午营救人员再次发现了小象踪迹，和闻讯赶来的西双版纳森林大队十几名战士一起将小象围到三岔河河滩上。经过约30分钟的周旋，再次将小象捕获。

经过不懈努力，他们终于找到机会接近受伤的小象，并进行营救治疗。

小象获救后，被送到离野象谷约16公里的一个基地疗伤。但小象腿上伤口有17厘米宽，10余厘米深，可见象骨，且伤口附近的肌肉已开始腐烂。起初，专家们根据治疗经验，使用过氧化氢和高锰酸钾为其伤口消炎，虽然对抑制细菌起到了一些作用，但伤口始终不见有复原的迹象。经过多番努力无效后，甚至有专家提出了为减少然然的伤痛折磨，对它实行"安乐死"。走投无路的时候，治疗组根据昆明邮政系统一位曾经在西双版纳当过知青的女士建议，采用景洪市基诺山的普洱茶原料，每日熬成浓汁，早晚为小象喷洒一次。没想到奇迹竟然出现了，仅仅过了3天时间，小象的伤口开始好转。

经过了6个月的治疗，小象的伤口基本康复！没想到，普洱茶还有这样的神效！

为了祝福这只小象能够早日回归大自然，大家给它取了一个名字叫作"然然"。

③ 强强

此次野象谷之旅，我们还近距离地接触到了小象"强强"。

"爸爸，你还记得小象'强强'为什么叫'强强'吗？"

"因为它强壮！"

"不是，因为它坚强！"

"它怎么坚强了?"

"'强强'是一头'孤儿象',妈妈在国外被狩猎人打死了,象群不接纳它,总是驱赶它。"

大象可能会因为小象的先天疾病而将其驱出象群,也可能是因为气味儿不对而不被认作同类。例如"羊妞"因为喝羊奶的缘故,膻味太重而不被象群接纳。据说,后来"象爸爸"在"羊妞"的身上涂抹了一层象粪,象群才接纳了它。但这也不是长久之计啊!

"然后呢?"

"它就一直跟着象群,就算大家再怎么赶它,它也不走。"

"它为什么不走呢?"

"哎呀,('象爸爸')不是说了嘛!它那时候还很小,离开象群会死掉。"

"嗯。然后呢?"

"后来,它就跑到村庄寻求人类的帮助啦。"

"人类怎么帮助'强强'的?"

"村子里的人……村民帮不了她,'象爸爸'帮它看病,喂它吃的……它后来就逐渐长大了。"

"的确,它要是不坚强,早就被象群驱赶,然后自生自灭了。"

"爸爸,'然然'也很坚强。"

"那'羊妞'呢?"

"好玩儿!"

"它还小,就像你一样贪玩儿,慢慢长大了,它也会很坚强的。"

"爸爸,大象能活多大啊?"

"'象爸爸'说目前大象的寿命极限'不十分确定'。"

"你是不知道吧！"

"呵呵。"

野象谷救助的大象还有很多，如大明星西莲、让人心疼的西广和鲁腊等，它们都有属于自己的故事。

大象很聪明，一头成年大象的智商相当于四岁儿童的智力。在喂食大象时，我也发现了一点儿细节。羊妞因为太小且身体还在恢复中，所以只能吃些香蕉什么的，而强强和然然除了可以吃香蕉还可以吃胡萝卜。我最初给强强和然然喂食胡萝卜时，是整根喂的，但胡萝卜太大了，它们的嘴小吞不下。当时我还有些后悔没把胡萝卜折断再喂给它们，可紧接着我又感觉到了欣喜：它们都很自然地用长鼻子接过胡萝卜，然后放到地上，用脚踩着一头儿，用鼻子用力抬起另一端，巧妙地利用杠杆原理将胡萝卜折断成适合的小块儿，再用灵巧的长鼻子，一块一块儿地送入嘴中。好聪明的大象！

临告别时，大象们没有只顾着吃，而是很有礼貌地用长鼻子向我们做"byebye"的动作。好有礼貌的大象！

"象爸爸"告诉我们说，动物是懂得感恩的，你对它好，它会回报你。大明星"西莲"的"象爸爸"有一次上山放"西莲"时下起了雨，又由于"西莲"不听话一直不肯下山，让他淋了雨，全身都湿透了。下山后，"西莲"好像知道自己做错了似的，它蹲在地上一定要象爸骑在身上，不然就不肯起来，最后驮着"象爸爸"回了基地。

当然，我还要提醒各位读者，近距离接触大象时，千万不要站在大象的身后，"象爸爸"说这样它会有不安全的感觉。一旦大象觉得你对它构成威胁，可能会"轻轻地"踢你一脚，然后，你可能就会变成"二维码"了。更不要挑衅它，记住，你们不是一个重量级。

丛林飞跃

妞妞在 2017 年西双版纳的旅游行程，除了"野象谷"印象深刻外，"丛林飞跃"也让她有了不少成长。在那之前，我们准备了白手套、雨衣和黄胶鞋等物品。

"爸爸，这鞋是一次性的吗？"

"不是啊，你怎么这么问？"

"我听'大熊'叔叔说的啊。"

"大熊"是小象客栈的老板，因为爱护动物，也经常出没深山，所以就得了这个名字。

"他是怎么说的？"

"他说这鞋子穿一次，就不能要了。"

"他的意思是等咱们'丛林飞跃'之后，鞋会满是泥水，脏得很。应该刷不出来了，所以只好扔掉。" 事实上，"丛林飞跃"以后，我们所有人的手套、鞋子都捐给了当地的村民。

"为什么会满是泥水啊？"

"因为路不好走，都是泥巴，或者水坑。上山、下山……"

"那我们为什么不走'路'呢？"

"傻孩子，'丛林飞跃'就是要考验你的野外行走能力，磨炼你的意志。事情往往越困难，完成后的成就感就越大。虽然飞跃的过程很艰难，但这个过程也会很刺激，很好玩儿。"

"小朋友多吗？"

"多啊！你是选择跟爸爸一起'飞'，还是跟小朋友一起？"

"我跟小伙伴儿一起，你自己'飞'吧！"

"好吧，你得坚持到底，听导游的话。"

"嗯！"

在出发的最开始，妞妞还有些放不开，其实包括很多成年人也都一样，生怕湿了鞋袜。可慢慢地，大家就不担心鞋子会不会湿的问题了，而是看鞋子还在不在。

"爸爸，这怎么过去啊？水太深了！"

"没事儿，不深，不信你用脚轻轻地试一下。"

"万一特别深，都超过我了怎么办？还是你抱我过去吧。"

"记不记得《小马过河》的故事了？"

"记得。"

"别担心，你就用脚探一探，爸爸肯定不会抱你的。"

"为什么啊，因为我太沉了？"

"咱们来参加的是'丛林飞跃'，如果你上山、下山都要我抱着的话，那还叫啥'飞跃'了！"

"好吧。"

说完，妞妞的行动变得坚定、果断了些。一路艰苦跋涉，一路欢声笑语，妞妞没喊一句累，相反，她始终对前方充满着好奇。

在快到终点时，妞妞在明确了路线的情况下，甩开了导游，带领着我第一个完成了这次"飞跃"。

她很自豪，我很骄傲！

文 身

在云南旅行时，街边有很多文身的摊贩。文身的方式也很多样，很多游客，包括小朋友也都会文上几个。妞妞看到别的小朋友有文身，也心动了。

《瓶中花》

"爸爸，我想文身。"

"小孩子，文什么身啊！"

"别的小朋友都文了，而且还文了好多呢！"

"可是，开学后怎么办呢？"

"她们说，洗 15 次澡就没有了。"

"是吗？"

"文身的阿姨说的。"

"好吧，你想文个什么？"

最初，妞妞用印度文身的方式在上臂文了一个天使，文身的师傅告诉她，一个半小时内不能用手碰，她就一路用另一只手护着文身走回客栈。

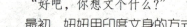

"妞妞，快过来，别在道中间走——"

"别碰我啊。"

"过来，在边上走。"

"讨厌，你该把文身碰掉了！"

"好，爸爸不碰你。你走路时小心点，躲着点儿车。"

"知道了。"

"文身的姐姐说，这个能保存多久?"

"她说洗十次澡都不会掉。"

"能挺那么久啊!"

"爸爸，从现在开始，我每周只洗一次澡好不好?"

"为什么，是因为不想过早地把'天使'洗掉?"

"嗯!"

"可你得讲卫生啊!"

"不，我一周就洗一次澡!"

妞妞大概是想把"天使"留到开学的时候，给自己的同学和朋友看一看，可我们在云南旅行时，恰好赶在当地的"雨季"，再加上温暖潮湿的空气，没几天，妞妞身上的"天使"就"飞"走了。

当然，妞妞不会只文一次就满足的，后来她又用贴纸的方式文了"小鱼""小象""梅花鹿"等。妞妞一直想文一条大龙，我看她选的龙面目有些狰狞，始终没有同意，她也因此一直耿耿于怀。估计过些年，再碰到文身的机会，她会偷偷补上这个遗憾吧。

当然，我相信她还会捎带着补偿点儿别的……

苍山牧云　洱海听雨

在大理旅行的日子里，我曾带着妞妞游览了大理大学。大理大学差不多是建在苍山上的，白色的云就在山腰围绕，很美。远望过去，像是一群绵羊在青草地上吃草，我便带着这种放牧的心情游览了大理大学。校园很大，风景

很美，我甚至沉醉在校园的湖边，沉沉地睡了一小会儿。似乎校园里的所有东西都能引起妞妞的兴趣，漂亮的花瓣、树叶，彩色的小石头……不一会儿，她的小背包中就已经满是这种"小惊喜"。

"爸爸，山上的云好漂亮啊，像棉花糖一样!"

"可我怎么觉得像绵羊呢。"

"嗯，远看像绵羊，近看像棉花糖。"

"好吧，小馋猫，你是不是饿了?"

"有一点儿。"

"只有面包，没有棉花糖。"

"我吃面包!"

"先去洗手吧，洗完手再吃东西。"

"爸爸，洗完手，手是湿的，再拿面包，面包不就湿了吗?"

"你不会拿着面包的包装袋吃嘛。"

"那我现在拿（隔）着塑料袋，再拿面包，也不会脏啊？"

"细菌很小，风一吹，你手上的细菌就可能飞到面包上了。然后你就生病了，再然后你就不能出来玩儿了，更不能吃好吃的了——"

"那我也找不到地方啊，你带我去吧？"

"好。"

"爸爸，下边是洱海吗？"

"是，那就是咱们前些天去看的'洱海'。"

"那天都没看清楚，洱海这么大啊，也挺漂亮的！"

去看洱海的那天，突降暴雨，别说妞妞了，就连我也没看清楚。不过那一天，我发现妞妞真的很给力。

"妞妞，今天天气这么好，咱们从客栈走到海边，怎么样？"

"爸爸，咱们还是骑自行车去吧。"

"也行，要是很远的话，骑车子还能省点儿时间。"

"咱们骑那种两个人的自行车呗？"

"当然了，不然你自己骑一辆，我也不放心啊。"

"两个人骑一辆车，还能省劲儿。"

"省劲儿？咱们两个人骑，还不是我一个人使劲儿。"

"我也能骑啊！"

"真的吗，那你可得多使点劲儿帮爸爸哟！"

我当时只是在应付孩子的回话。而且去的时候，我也真的没觉得她多蹬一脚有多大帮助，但在回古城的路上，因为是大上坡，可是把我累得够呛，如果不是妞妞也在用力，恐怕我得推车回去了。而且，大理的天气真是不好判断，前一会儿还是

《雨中漫步》

与夏天对话

大晴天，过一阵儿就暴雨倾盆。我们当天刚租完车，没走出 100 米，就突降暴雨。还好我们租的车是带车棚的，我们在街边等了好一会儿，雨才停，但路却是更不好走了。

"爸爸，刚才的雨怎么这么大啊？"

"是啊，之前还是大晴天呢。"

"我的胳膊都被浇湿了！"

"还去不去看洱海了？"

"看，但我有点冷了。"

"还好，我给你多带了件长袖衣服，换上吧。"

"爸爸，你之前就知道下雨吗？"

"不知道啊。"

"那你怎么多带了一件衣服呢？"

"海边一般风都很大，再说你一玩儿水，难免弄湿衣裤，所以爸爸就多带了一套衣服啊。"

"哦。"

等我们到了洱海才发现，我们能看到的只是很小的一部分，与其说它是"海"，还不如说是小池塘。而且，大理到处可见保护洱海的宣传标语，可见洱海的污染很严重。我们到了洱海边，发现水里杂草丛生，周边都在建设，因为刚下过雨，人倒是不多，但也因此少了些繁荣景象。

"爸爸，又下雨了！"

"咱们正好在洱海边吹吹风，听听波浪的声音。"

"哪有波浪的声音啊？"

"那就听听雨声吧。"

"嗯，听见了！"

"你听见什么了？"

"大雨滴打在车棚上的声音。"

"反正现在也回不去，你就看看雨中的洱海。"

"嗯，可是它也不好看啊。"

　　"可能是咱们选择的角度不对，爸爸回去做好攻略，以后咱们换一个更好的角度看洱海。"

　　"好吧，可我现在怎么有点饿了呢？"

　　"等雨小些了，咱们就慢慢往回骑，然后去吃好吃的。"

　　"好！"

　　在那之后，我和妞妞没有再去洱海边，可能是因为当时"眼前的洱海"并没有什么魅力吧。其实洱海只是一个湖泊，并非真正的海。"海"的叫法，则源于云南的习俗。在云南十八怪中就有一怪为"湖泊称作海"。这就是说，湖泊在云南多被叫作"海"。洱海古称叶榆泽，又名昆明池，白语称"耳稿"，意为下边的海子，因湖泊状似人耳，汉语遂称为洱海。我没想到竟能在苍山上再次看到洱海，而且这一次我看到近乎完整的它，洱海就像是镶嵌在群山之中的一块碧玉，静静的、硬硬的，且闪烁着美丽的光泽。

　　苍山下的洱海很美，与当时我们骑车到洱海边观赏时大不相同。其实水的质量也遵循辩证法：一杯清澈的水，不停地摇晃，它会变得浑浊，一杯浑浊的水，把它静静放置，便会沉淀出清澈。到底是谁摇晃了盛装洱海的杯子？洱海要多久才能再次沉淀出清澈？

　　苍山下的洱海很美，但毕竟不是海。真正的海容纳百川，拥有博大的胸怀；真正的海有惊涛骇浪，拥有气势磅礴的力量；真正的海有汗水的味道，是"生命的摇篮"和"风雨的故乡"。

　　我和妞妞都更喜欢真正的海。妞妞每次到海边都似回家一样，快乐得不得了，我自然也是开心的，却始终没有"回家"的感觉。说实话，我的感觉更像是"在浴池沐浴"，可能是因为我还没成为"水"吧。"身是菩提树，心是明

妞妞在威海海边玩耍

镜台，时时勤拂拭，莫使惹尘埃。"当年，神秀有心觉悟，却因为太用心，而未能觉。"水无形而有万形，水无物能容万物；善之人如水之性，心容万物故不争。"做不到"水"的境界，自然无法融入大海。这种生命之水靠本性在内心生长，根本不会出现"大自然的搬运工"。

有的人成为水，融入了海洋；也有人成为器，容纳了整片海。不要以为"用一只杯装下洱海"是一个笑话，因为只要杯子足够大，何愁装不下。从苍山上一眼望去，洱海就像被盛在杯中的蓝莓果汁。人如何成器，我当然不懂。只听过有人说：世事如落花，心境自空明。

生命虽然给了人们丰富多样的表情，但"嘴角微微上翘"却在淡定中成了最迷人的一个。

再见了苍山，再见了洱海。

"爸爸，这是洱海吗？"

"是啊，这是那天咱们在苍山上照的。"

"真漂亮啊！"

"你想再去看一次洱海？"

"嗯！"

但愿下次再去，我成了山，妞妞成了海！

妞妞自己设计的未来的形象

后 记

　　《与夏天对话》本应该是存储在电脑里的图文日记，可我就是忍不住要将它晒出来。

　　妞妞在一天天长大，对于"成长"我会不由自主地想到"告别"和"相逢"这两个词。孩子刚出生时只是一坨"肉嘟嘟"，不会说、不会爬，但你一个不留神，这个瞬间就匆匆逝去了。不经意间，她已经开始爬行、站立、奔跑……我怕又一个不留神，妞妞已经考学去了另一个城市。妞妞的成长实质就是她每天对"过去"的告别，与"未来"的相逢。与此同时，我觉得，这也是与我的"告别"，毕竟孩子终有一天会成为大人。

　　其实，妞妞在与未来相逢的同时，我也与我的过去进行着重逢。孩子从不会叫"爸爸、妈妈"，到可以背诵大段诗文、与父母据理力争地辩论，这样的情形是否"似曾相识"？我关注妞妞，却也从她的眼睛里看到了我与父母的曾经。

　　我的这些在女儿成长印记中的体验应该不会比朱自清先生从父亲背影中获得的感动少，因为就算我的才华不济，就算我不是一个优秀的父亲或子女，但我也与那些优秀的"同行"一样，有满满的爱。

　　相信我的父母也一样。我小时候在外面玩，如果受伤了，回家绝不会告诉爸妈，而是自己偷偷处理……这并不是说我小时候多坚强，是爸妈知道了，还得挨一顿揍。现在的孩子多幸福，如果摔了、受伤了，多会大声哭出来，拼命引起家长的注意，以获得及时的照顾。"及时照顾"和"挨一顿揍"在形式上的差距很大，但实质都是爱。估计很多人无法理解"挨一顿揍"的爱，我小时候也是把它当成"恨"来认识的，但慢慢却感受到了爱。处于不同环境下的你也许很难理解，除非你一直用爱的眼光看世界。我的父母不善于表达，而我又成长得慢些，所以直到四十岁了，才渐渐感受到那些父母曾经给予我的、细腻的、不易被察觉的爱。

与妞妞的对话其实也是父母与我的交谈，我与内心的交流。因为文笔水平的原因，有些地方想必会词不达意。希望能借此给其他的父母或子女一点提示，千万别错过那些美好的瞬间。我成长得慢，大概也与父母不善表达有关，我希望妞妞能健康成长，也希望能替那些与我有着类似境遇的朋友表露心声，所以我把我能捕捉的记录下来，整理并晒出来。

别让"告别"进行得太快，希望这分纪念源于我，但也同样属于你。

还有，完成《与夏天对话》对我来说是一分极其艰难的工作，幸好有朋友的鼓励和帮助。其中，付琪先生为我写了序，时刻先生和红权老师等给予我很多中肯的建议。我的文字功底很弱，出版社的朋友又给我提出了大量有价值的修改意见。最后，也是最重要的，我要感谢我的妻子和女儿，是她们让我的生活充满光彩，给了我想要记录的冲动和勇气。

愿每个人的生活都越来越好。

时光不歇，对话继续！